KB204412

# 황금빛 봉황이

# 황금빛 봉황이

천마의 허망한 모습에 속아도 속는 줄 모르고
얼마나 오랫동안 짓달려 왔던가.
목마가 불 속에서 걸어 나오는 것을 보고 나서야
비로소 목에 걸린 가시를 뽑았도다.
천지가 본래부터 자리하지 않았거늘
그림자가 어느 결에 생겨나리오.
어느 날 갑자기
머리 셋 달린 신장을 밀쳐버리니
황금빛 봉황이 날개를 활짝 펼치는구나.
"억(噫)"

# 목차

# 황금빛 봉황이

# 서사(序辭)

구만리 창공에 황금빛 봉황이여!
유월 염천에 편편서상(片片瑞霜)이 휘날리고
동해의 아침 햇살 넘실대는 파도에
첩첩이 떠내려가는 청산들.
취우(驟雨) 스쳐간 먼 산자락에
청매 떨어지는 소리
전각에 떨어지는 낙숫물 소리.
반야바라밀이 아니요
그냥 반야바라밀인 것을.

우리 수불 선백(修弗禪伯)스님은 나와 뗄 수 없는
선문수행 중에 이십여 년 간 진실한 지기이다.
그동안 청담한 추림(秋林)의 학걸음으로
경부(京釜)를 오르내리면서 안국선원 불자들께
제접법문(提接法門)을 하다 보니 쌓이고 쌓여
신도 간의 정성으로 책을 묶어 놓으니

『황금빛 봉황이』이다.

내가 강(講)하는 여가에 내용을 살펴보니

구구절절 선적진기(禪的眞機)가 한 곳으로만 떨어지는

은백색 눈송이처럼 순결하고 유수(幽邃)함이 넘쳐 흐른다.

바닷물이 밀려간 뒤 아름다운 조약돌이 드러나듯

쾌활청량한 선어(禪語)들은 인위적인 문자 냄새를

찾아볼 수 없다.

정처(靜處)에 갇혀 있는 사어(死語)가 아니라

동적인 현장에서 더욱더 등등자유(騰騰自由)스러움이

할(喝)과 적(擲)을 통해서

솔씨가 떨어지면서 솔바람이 일어난다.


우리 수불 선백스님은 일찍이 강원을 거쳐 본분선납(本分禪納)으로

가야산 해인사, 팔공산 동화사, 금정산 원효암, 내원암 등에서

실참실오(實參實悟) 속에 깊은 선리를 증득(證得)했으며,

이어서 포교일선 와중에서도

마조(馬祖) · 몽산(蒙山) · 고봉어록(高峰語錄) 등을 걸망에 지고

중국으로 선사행적을 찾아

십여 년 두타정진(頭陀精進)을 하다 보니,

어느덧 고선사(古禪師)의 풍격에다 해탈의 불기인(不羈人)처럼

무가애(無罣碍)의 작작(綽綽)한 풍류를

나는 항상 옆에서 지켜보고 느껴왔었다.

이것이 우리 수불선백의 생활 속에 선의 조화요

깊은 선생활의 리듬이다.

선은 사물과 한 덩어리가 되는 것을 말한다.

항상 부정에만 머무를 수 없다.

선을 활용하는 것이 묘용(妙用)이다.

우리는 『황금빛 봉황이』에 담긴

실제의 묘용을 오득(悟得)하여

모두 법계의 주인이 되었으면 하는 바람이다.

끝으로 수불선백이 자강불식(自强不息)하여

다음 『황금빛 봉황이』를 낼 때까지
모두 함께 기다리면서 열심히 정진했으면 한다.


이글거리는 태양에
졸고 계신 석굴대불(石窟大佛)아래서


佛國寺 學長 德旻 謹撰
佛紀 二五四八年 甲申 六月

# 좋은 인연입니다

황금빛 봉황이 나래를 활짝 펴고 그 빛을 발하니
온갖 변화가 그 속에서 일어나는구나.
순간순간 변하는 가운데서도
그 모든 것을 다 보고 있는 한 물건이 있으니
봉황의 주인이로다.
형형색색의 기화요초(琪花瑤草)며
이름 모를 새의 무리며 가지가지 짐승들이며
듣지도 보지도 못한 희한한 모습을 한 무리들이 모여
서로 싸우지도 않고 간섭도 하지 않으며
나름대로의 자유로운 시간을 보내고 있는 것을 보노라니
한가하기 그지없도다.
아! 잠깐 동안에 영겁(永劫)을 넘나든다더니
설명할 수도 없는 일들이 눈앞에서 벌어지는구나.
이 일단의 일이 선명하게 드러난 일이라 할지라도
생각을 어지럽게 일으키지 말지어다.
꿈속의 꿈은 말할 것도 없거니와

눈앞에서 황금빛 봉황을 본 일은

좋은 인연으로 간직하기에는 너무나 좋은 상서(祥瑞)로다.

이와 같은 상서로운 인연을 다 함께 하고자 하오니

날마다 좋은 날 되소서.


불기 2549년 2월 28일


안국선원 선원장 수불 합장

# 1. 한 가닥 희망의 빛

# 한 가닥 희망의 빛

희망의 빛을 찾아 얼마나 헤매었던가!
온갖 종교와 철학 속에서 그 빛을 찾아보았지만
시간이 흐를수록 허망함만 늘어났고,
그 속에 빠져 다른 것을 보지 못하는 어리석음을
범하는 줄 모르고 범하고 있었으니
실로 안타까움만 더했을 뿐이로다.

다행히 종교를 수단으로 하는
가르침을 만나게 되었고
행복을 찾아 여행해 보지 않을 수 없게 되었으니
이 얼마나 다행스런 일인가!
이렇듯 긴 방황의 어둠 속에서
한 가닥 희망의 빛을 보았으니
어찌 붙잡지 않을 수 있으랴.

겉을 비춰볼 수 있는 거울을 닦아

밝게 비추는 일도 중요하겠지만

겉만 아닌 안까지도 비춰 볼 수 있어야 되겠고

한 걸음 더 나아가

온통 막힌 속까지도 몽땅 드러내

어둠 속을 모두 다 보여줄 수 있는 거울까지도 깨트려서

보지 못하는 것이 없는 거울

대원경지[1] 속의 평상심을 밝게 깨달아

자유자재로 살아갈 수 있어야 되겠다.


이 길을 갈 수 있도록 길을 열어 보여주신

옛 선지식의 가르침을 오늘의 현실에 비춰

그 길을 더욱 분명히 드러내어

많은 인연 있는 이들이 함께 동참해서

큰 이익을 얻을 수 있도록 좋은 방편을 제시해야 되겠다.


그 가운데 한 기틀을 드러내어

인연 있는 분들의 의혹을 푸는 데 도움을 주고자 한다.


"원래는 나를 나라고 하지 않았고 부처를 부처라 하지 않았다.
그렇다면 무엇이라고 하였겠는가?" 또는,

"이는 영험 있는 법당에
일찍부터 신령스런 부처가 자리하고 있었음이로다." 하였다.
그렇지만 이 도리를 모르고 있으니,
"봄이 오니 풀이 스스로 푸르다."
아이쿠, 도리어 말만 많아졌음이로다.


마음이라고 이름한 마음을
스스로 밝히지 않고서는
도저히 앞일을 알 수가 없음이니
마음을 밝힌 선지식을 찾아
길을 묻고 물어서 깨달아야만 한다.
그렇다면 선지식이라고 하는 분을 만나
성심을 다해 무엇이 마음인지에 대해
질문을 던져 보았는가?
무슨 말을 전해 들었는가?
다시 한 번 깊이 새겨 눈앞의 일을
분명히 보지 않으면 안 될 것이로다.

---

1) 대원경지(**大圓鏡智**) : 네 가지 지혜[四智 : 대원경지, 평등성지, 묘관찰지, 성소작지] 중의 하나. 큰 거울에 삼라만상이 그대로 비치는 것과 같이 원만하고 분명한 지혜를 말함.

# 밝은 빛이 어둠을 뚫고

푸른 창공을
마음껏 날고 싶은 생각을 누군들 내지 않겠느냐만
현실은 그렇지 않으니
어떻게 해야 날 때의 기분을 느낄 수 있겠는가?
모든 것이
마음대로 이루어진다면야 그럴 수 있겠지만
어찌 마음대로 되겠는가?

참선 공부에 인연 있는 이가
결제를 하였다가 문득
해제를 당하게 되었을 때
비로소 이 말의 의미를 직접 체험하게 될 것이니
이 무슨 도리인가.

밝은 빛이 어둠을 뚫고
찬란하게 빛나니

석녀[1]가 노래하고

돌장승이 춤을 추며

허공장보살[2]은

가락을 더욱 돋구는구나.

돌고 도는 가운데 어지러움이 더하고

그 가운데

무심한 사람은

몰록[3] 시간을 잊었구나. **"훔(吽)"**

---

1) 석녀(石女) : 목인(木人)과 연용하여, '목인이 바야흐로 노래하고 석녀(石女)가 일어나서 춤춘다[木人方歌 石女起舞].' 라는 성어로 쓰임. '나무로 만들어진 인형이 노래한다.' 는 것을 상식으로는 생각할 수 없는 것처럼, 불교의 심원한 진리는 인간의 상식이나 사량분별을 초월한다는 의미.

2) 허공장보살(虛空藏菩薩) : 허공처럼 무한의 자비를 나타내는 보살. 복과 지혜의 무량함이 너른 하늘과 마찬가지로 광대무변하기 때문에 이렇게 칭함.

3) 몰록 : 돈오(頓悟)의 '돈' 을 풀이한 것으로 '갑자기', '단박에' 의 뜻을 가지고 있다. 하지만 '갑자기' 라는 수식어는 관찰이 가능한 외부의 사건이고, '몰록' 은 사람의 오감으로는 관찰이 불가능한 내면의 사건을 가리킨다.

# 부처님의 법, 온 누리에

큰 소리로 외쳐 보고 싶지만 꽉 막힌 가슴이
그것을 용납하지 않으니 진퇴양난입니다.
사무친 그리움에 목놓아 울고 싶지만
형편이 허락하지 않으니
무엇을 의지해야 내려놓을 수 있을까요.

점점 조여 오는 속에서 발버둥을 쳐보지만
알 수 없어라 이 일단의 일이여,
어느 순간 문득 큰 짐을 내려놓는다면
이 얼마나 통쾌한 일이겠습니까?

기다림이 지나쳐 뼛속 깊이 사무쳐진 원한이
한순간에 녹아내리니
무슨 말로 이것을 설명할 수 있으리요.
직접 부딪쳐 보랄 수밖에······.

아! 부처님이시여.

당신은 정녕 위대하십니다.

무지몽매한 이 어리석은 중생을

밝은 길로 인도하여 주시고

그것도 부족하여 모든 것을 덜어주시니

가볍고 시원함이란

날아갈 것만 같습니다.


　세세생생 이 넓은 품 안에서 신명을 다하여

　부처님의 법이 온 누리에 가득하도록 앞장서겠습니다.


나무 마하반야바라밀

# 부처님 오신 날에 붙여

　석상 경저스님[1]이 스승인 도오 원지스님[2]에게, "어떤 것이 눈에 띄는 모두가 보리인 도리입니까?" 하고 물었다. 도오스님은 사미승을 불러 "물병에 물을 좀 채워오너라." 한 후, 조금 있다가 석상스님에게 "조금 전에 자네가 무엇을 물었었지?" 했다. 석상스님이 망설이면서 입을 열려고 하자 문득 도오스님이 일어나 방장실로 가버리니, 석상스님은 이에 깨닫게 되었다.

이렇듯 대자대비하신 부처님께서
세상에 그 모습을 드러내었으니
기특하고 기특하여라, 이 일단의 일이여!
매일매일 부처님과 더불어 함께 하면서도
그 큰 뜻을 나도 모르게 저버리고 있었으니
어찌 큰 죄인이 아니겠는가!
오늘 비로소 목에 걸려있던 칼을 벗어 던졌으니
시원하고 시원하도다.
마음의 불을 오랫동안 끄고 지내다가

어느 순간 불을 켜게 되었으니
얼마나 환희로운가!
온 누리에 모두 함께 불을 밝히게 되었으니
이 큰 감사함을 영원히 잊지 말아야 되겠도다.


　　나무 시아본사 석가모니불



1) 석상 경저(石霜慶諸) : 육조 혜능의 문하인 임제 의현(臨濟義賢)의 육세손(六世孫).
2) 도오 원지(道吾圓智) : 15세에 출가하고, 마조 도일(馬祖道一)을 만나 언하에 대오함.

# 불제자의 길

걷잡을 수 없는 시간의 흐름 속에서

어찌할 바를 모르고 서성대는 어리석음이여!

무엇 때문에 스스로의 갈 길을 찾지 않고 있는 것인가.

올해도 어김없이 동장군이 찾아와 대지를 얼어붙게 한다.

따뜻한 가슴을 지닌 의인들도 많겠지만

대부분의 사람들은

차갑게 식은 마음으로 또 한 해를 보낼 것이다.

이럴 때 냉정할 수 없는 나의 마음은

산과 들로 치닫기보다는 거리를 배회한다.

더불어 같은 시간을 보내고 있는 수많은 모습 앞에서

더 이상 모르는 척 할 수 없는 것은 무엇 때문일까?


이 문제를 해결하기 위해서는

수없이 많은 갈등과 의문을 타파하고

희망과 용기를 줄 수 있는 방법을 제시하지 않으면 안 된다.

인위적이고 간접적인 것이 아닌

내면의 성찰을 통해 얻어질 수 있는 방법으로
좌절하지 않고 이겨낼 수 있는 스스로의 좌표를 찾아야 한다.

이 모든 것을 이겨 낸 승리자는
혼자만의 만족을 즐길 것이 아니라
모든 이와 아픔을 함께 할 때
비로소 위대한 모습으로 거듭나게 될 것이다.


우리 불제자들은
오늘도 이 길을 위해 다 함께 나서지 않으면 안 된다.
물러섬이 없는 정진을 통해
시간시간 거듭나는 보살의 길로 나아가야 할 것이다.


나무 보현보살 마하살

# 팔만 사천 번뇌 속의 훤칠한 모습이여!

해는 동쪽에서 뜨고 서쪽으로 진다 하지만
내가 존재하지 않는다면 무슨 의미가 있겠는가.
나는 무엇으로 인연하여 지금 존재하고 있는 것일까.
일찍이 한 번도 밝음을 알지 못하는
무명 속에 존재하고 있었으니
알지 못커라, 이 일단의 일이여.

마치 날 때부터 눈먼 이가
소리와 감각에 의존하는 것과 같이
어둠 속을 배회할 것이니
밝음으로 인도되지 않는다면 어찌 되겠는가.
이 알 수 없는 나를 밝혀
미혹의 그림자를 뽑아내어야만 할 것이다.
어차피 뭔가에 의해 만들어졌으니까
더 이상 우리가 생각할 문제가 아니라고 치부해 버린다면
삶에 무슨 의미가 있겠는가.

꼭두각시와 같은 삶이라면
실로 허망하다 하지 않을 수 없도다.
내가 역사와 함께 하는 주인공이라면
나는 도대체 어떤 존재인지를 밝혀야만 될 것이다.
이 일을 가능하게 할 가르침이 없다면 모를까.
있다면 왜 공부하지 않을 것인가.
믿음을 가져 끝까지 실천할는지가 의심스럽지만
결코 물러나서는 안된다.


모든 것을 참고 이겨낸
환희스러운 모습을 통해 거듭나게 될 때
의심은 사라질 것이다.
믿음을 통해 구축된 현실을 바로 살펴나갈 때
더 이상 혼돈과 어리석음은 자리하지 않게 될 것이다.
바로 알고 믿어서 의심 없이 행동하는
귀한 시간을 스스로 가질 때
비로소 모든 존재의 존귀함과
시작과 끝을 동시에 알고 실천하는
위대한 삶이 기다리고 있을 것이다.

팔만 사천 번뇌 속의 훤칠한 모습이여!
밝음과 어둠 속에 함께 하고 있었구나.
물 위에 뜬 표주박처럼 흔들리는 모습이
위태로운 듯하지만 실로 장엄하도다.

# 간화선 공부란

내면에서 솟구치는 욕망을 잠재우기 위해
많은 시행착오를 겪으면서
길을 찾지 못해 헤매다가
결국 간화선[1] 공부를 만나게 되었고
길을 보게 되었다.

많은 이들이 수많은 시간을 보내며
사구[2]를 들고 어리석은 의심을 하고 있으나
누구 하나 올바른 길을 열어주지 못하고 있으니
참으로 안타까움을 금할 길이 없다.
본인이 옳다고 고집하는 데야 별 수 없지 않겠는가.
오히려 성을 내며 받아들이려 하지 않으니
그 고집을 높이 살 만은 하나
그렇다고 공부되어진 것은 또 무엇인가.

옛 공부방법에 문제가 있는 것은 아니다.

다만 그것에 자기 색깔을 넣어 가지고
공부하는 데 문제가 있는 것이다.


참고 삼아 '이 뭣고' 하고 있는 것에 대해 말해 보고자 한다.
지금까지는 '이 뭣고' 하는 생각이
끊어지지 않아야 된다고 생각하고
계속해서 '이 뭣고'를 생각으로 잡들고[3] 있는 것에
문제가 있는 것이다.
'이 뭣고'를 하지 말라는 것이 아니라
온 몸으로 의심된 '이 뭣고'를 하라는 것이다.


미묘한 차이가 있는 것을
본인도 모르고, 가르치는 분들도 지적해 주지 않기 때문에
계속해서 오류를 범하게 된 것이다.
큰 의심이란
온 몸이 '이 뭣고' 하고 있는 상태를 말하는 것이지
머리로 '이 뭣고' 하고 있는 것을 말하는 것이 아니다.
온 몸으로 '이 뭣고' 하게 되면
앞뒤 생각이 끊어져
'이 뭣고' 의지(意旨)에 바로 사무쳐 의심하게 되어 있다.

그런데도 앞생각과 뒷생각이 상속해서
끊어지지 않아야 된다는 생각에 사로잡혀
생각으로 '이 뭣고'를 잡들어 놓치지 않으려고
계속해서 힘주고 있으니
어찌 상기(上氣)가 되지 않고 배기겠는가.
이렇게 되면 오래 버티지 못하게 되고
버틴다 할지라도 혼침(昏沈)[4]에 빠져
큰 의심을 하기 어렵게 될 것이다.

화두의심(話頭疑心)을 한번 잡들일 때,
바로 '일념이 만년' 되도록 의심하지 않으면 안 된다.
계속해서 일 마칠 때까지
선지식(善知識)의 가르침에 의지해 공부하게 되면
왜 이 일을 마치지 못하겠는가.
미묘한 차이점 때문에 스스로 멀어지는 줄조차 모르고 멀어져
시간만 허비하고 있으니
정신 차려 공부 길을 찾지 않으면 안 된다.

오늘도 길을 잃고 헤매고 있는
수많은 공부인들에게 희망의 빛이 전해질 수 있다면

무엇 때문에 주저하겠는가.

한 생각 돌이켜 바른 길을 찾아갈지어다.

1) 간화선(看話禪) : 화두(話頭)를 간(看)하여 본래성품자리를 바로 보는 선법으로, 철저한 의정(疑情)을 통해 깨달음을 얻는데 그 생명이 있음.
2) 사구(死句) : 의심할려고 해도 의심이 되지 않는 화두.
3) 잡들다 : '붙들다.'의 옛말.
4) 혼침(昏沈) : 정신이 혼미한 상태.

# 2. 마음의 봄은 언제 오려는가

# 마음의 봄은 언제 오려는가?


돌고 도는 어지러움 속에
일찍이 한 번도 돌지 않은 모습이 자리하고 있으나
이 도리를 알지 못하고 있으니
무엇 때문일까?
시절인연이 문제로다.


우리 모두는 이 도는 가운데
돌지 않는 모습에 주목하지 않으면 안 된다.
이 도리를 밝혀야
죽어도 죽지 않고
살아 있어도 변하지 않는 모습을
스스로 볼 수 있나니
어찌 공덕이 되지 않으랴.


조금도 움직이지 않는 모습이여!
훨훨 타는 불 속에서도 변함이 없고

차가운 얼음 속에서도 뒤바뀌지 않나니
이 무엇인고?


주먹을 들어 허공을 후려치나
허공에는 흔적이 없고
도리어 갈등만 일어나게 하는구나.


봄이 와서 새잎이 돋아나고 꽃은 피지만
진정한 마음의 봄은 언제 오려는가.
홀연히 선지식의 참모습을 밝혀내니
비로소 온갖 모습이 환[1]인 줄 알겠도다. ●


1) 환(幻) : 일체 만물에는 실체성이 없고, 오직 거짓된 상(相)을 나타내고 있는 것에 불
과하다는 것을 표시함.

# 부처는 본래

허공을 물들일 수 있다고 착각하지만
물들일 수 없듯이
선정 또한 그러하다네.
선정을 따로 익히려고 한다면
삿된 지견에 불과한 것이니
어찌 신통변화를 가져
진리에 접근할 수 있겠는가? **"돌(咄)"**

부처는 본래 나가대정[1]에 있음을
한시라도 잊어서는 안 되나니
어리석은 중생들은
자신이 부처인 줄 모르고
자꾸 밖으로 찾아 헤매다 보니
스스로를 망각했음이로다.

닦아야 될 그 무엇이 있지 않음이니

지혜를 밝혀야 된다고 방편으로 한 말씀을 어찌 모르는가.


　흐르는 한강 물은 지혜를 드러냈고
　매미가 선정 중에 울고 있음이로다.
　그 속의 일없는 한가한 무심인은
　도리어 허공에 색을 칠하고 있음이로다. **"할(喝)"**


1) 나가대정(那伽大定) : 대용왕이 깊은 못에서 미륵불이 나타날 것을 기다려 선정에 들어있는 것으로 '부처의 선정'을 의미함.

# 산과 인연이 깊은 이여!

산중의 맛이란 살아보지 않고서는 알 수 없음이나
오랫동안 음미해 보니 한 맛이 더 나는구나.
깊은 산중일수록 그 맛의 오묘함이란
이루 말할 수 없을 정도로 뛰어남이니
어찌 생각만으로 이 일을 알 수 있으리오.
직접 산에 들어가 이 맛을 볼 것 같으면
다시 없는 향기가 온 몸을 감싸고 돌 것이니
죽은 영혼도 일깨울 수 있는 묘한 약이로다.

산과 인연이 깊은 이여!
묘한 약을 얻었으면
죽어가고 있는 어리석은 이들을 산으로 이끌어
미혹에서 벗어나게 해야 할 것이니
이 일이 어찌 급하고 급하지 아니할 것인가.
많은 어리석은 인연들이
언제든지 찾아가고 싶으면 쉽게 갈 수 있는

지척의 거리에 있으면서도 멀리하고 있으니
이는 필경 산의 깊은 맛을 모르고 있기 때문이리라.


하루 속히 산의 의미를 깨우치게 해서
짊어지고 있는 무거운 짐을 내려놓게 하고
한량없는 고통에서 벗어나게 해야 할 것이로다.
그렇지만 과연 누가 있어
이 일단의 일을 감당할 수 있으리오.


시절인연이 도래하면
산중의 깊은 맛을 전해줄 수 있는
능력 있는 자가 세상에 나와
수많은 병든 이들을 구제할 수 있게 될 것이니
함께 기원해 볼 일이로다.


나무 약왕보살 마하살

# 손가락 하나를 쉬워

끊을 자리에서 끊지 못하면 도리어 환난을 부른다 하였으니
어찌 머뭇거려 화를 불러들이려 하는가.
앉은 자리에서 솟구쳐
도리천도 가고 도솔천에도 이르렀다고는 하지만
손가락 한 번 세우는 것만이야 하겠는가.
알려 하면 바로 이 자리에서 척결해야 할 것이니
무엇을 더 주저하리오.

그렇지 않다면
인연 따라 솟구쳐 그물에서 벗어나야 할 것이니
기회가 도래하였을 때
몸을 던져서라도 즉시에 잡들여
한바탕 몸부림을 쳐봐야 될 것이로다.
칼산을 평지로 바꾸고 평지에서 풍파를 일으킨다 할지라도
기회가 왔을 때 끊어 버릴 수 없다면
허망함을 면할 수 없음이니 살피고 살필지니라.

삼두육비[1]를 가지고 이빨은 칼숲과 같고 눈은 왕방울만 하고
온 몸의 근육은 금강역사[2]를 능가한다 할지라도
이 일단의 일은
인연이 도래하였을 때 단숨에 끊어 버려야지
그렇지 않다면
어느 세월에 다시 만나 벗어날 수 있으리오.


몸을 가지고 또 다른 몸을 찾으니 어리석다고 하겠지만
찾지 않고서는 환난을 벗어날 수 없음이로다.
찾고 찾아 시절인연 따라 문득 벗어날 수 있다면
삼천대천세계의 호법선신들이 두호[3]하리니
어찌 칼산인들 두려워하리오.


그물을 던져 건지려고 하였지만
또 다른 그물만 만들게 되었으니
어찌 슬프지 않으랴.
다행히
단 한번의 그물질로 끊을 수 있는 묘법을 만나
칼숲에 뛰어들어 평지를 만들게 되었으니 크고 크도다.

이 일단의 일이여!

수미산을 단숨에 무너뜨리고

억겁의 꿈을 노래하게 되었으니

신령스런 기운이 만고에 빛나게 되었도다.

손가락 하나를 세워 심장을 꿰뚫어서

뭇 마구니[4]의 항복을 받고

만고 광명을 드높이니

쾌활쾌활이로다.


나무 마하반야바라밀


---

1) 삼두육비(三頭六臂) : 머리가 셋, 팔이 여섯이라는 뜻으로, 힘이 엄청나게 센 사람을 이르는 말.
2) 금강역사(金剛力士) : 불교의 수호신. 사찰문의 양쪽에 안치해 놓은 한 쌍의 화엄신장(華嚴神將)을 가리킨다. 금강신이라고도 한다. 사찰문 왼쪽의 밀적금강(密迹金剛)은 입을 벌리고, 오른쪽 나라연금강(那羅延金剛)은 입을 다문 상이다.
3) 두호(斗護) : 돌보아 줌.
4) 마구니 : 마군(魔軍), 마군중(魔軍衆)을 이름. 모든 악사(惡事)가 불도를 방해하는 것을 마군이라 한다. 마군은 부처님이 깨달음을 얻는 과정에서 나타난 마왕 파순이 보낸 군대로서 부처님은 이를 능히 물리치시고 큰 깨달음을 얻었다. 마왕 파순은 마음속의 번뇌를 상징적으로 대변하고 있다.

# 움직이지 않는 이 물건

이 우주가 시작되기 전부터 지금에 이르기까지
움직이지 않는 물건이 마음속에 있으니
스스로 살펴볼지어다.

감정의 물결에도 끄달리지 않고
이성의 유혹에도 흔들림이 없으며
마치 살아 있으면서도 죽은 것과 같음이라
이 어떤 물건인 줄 알겠는가?

보되 본 바 없이 보고 있고
들되 들은 바 없이 듣고 있으나
허망한 모습에 끄달려 속고만 있으니
어찌 슬프다 하지 않으리오.
어떤 모습 속에도 자리하고 있으나
찾으려 하면 찾을 수 없고
보려고 해도 볼 수 없음이로다.

알고 보면 온갖 변화를 일으켜
수시로 그 모양을 바꾸지만
눈 밝은 이를 피해 갈 수는 없음이로다.
어떤 모습이나 모양으로 수없이 바꿀지라도
그 즉시 간파할 수 있으니
어둠의 종자가 어찌 밝음을 피해 갈 수 있으리오.


이 물건은 어둠과 밝음을 관계하지 아니하고
항상 어느 곳에나 자리하고 있지만
너무 커서 그 모양을 볼 수가 없고
너무 작아서 그 모양을 또한 볼 수가 없도다.


이렇듯 천붕(天鵬)의
소리 없이 나는 모습이 눈에 띄지는 않지만
눈 밝은 이를 피해 갈 수 없음이라.
그러므로 인연 있는 사람의 눈에 쉽게 띌 수 있도록
장치하지 않으면 안 된다.
누가 있어 이와 같은 일련의 일을 할 수 있겠는가?
시절인연이 도래했음이로다.

숙세(宿世)의 인연이 있음이니
이를 소중하게 생각하고
지성으로 기도하듯 마음을 살펴
하루 속히 어리석음에서 벗어나
밝은 지혜의 눈을 뜰 수 있도록
원을 세워 물러서지 말지어다.

모양없는 모양의
진정한 모양을 누가 볼 수 있을 것인가.
맑고 고요한 가운데서도 화두의심을 놓지 않고
계속해서 마음속을 깊이 들여다 볼 것 같으면
하나의 움직임을 엿볼 수 있을 것이로다.

여기에서 더욱 나아가
인연의 흐름이 끝난 곳에 이르러서도
한 걸음 더 나아가려고 하다 보면
문득 크게 쉬게 될 것이니
모든 것이 더욱 선명하게 드러날 것이로다.

물 속의 달이라도 건져 보려고 하니
허공의 달이 문득 구름 속으로 숨어버리는구나.
아! 슬프고 슬프도다.

# 숨 한번 들이쉬고 내쉬는 순간

실타래가 엉키고 흩어져
도저히 그 가닥을 잡을 수 없을 때
홀연히 어둠 가운데서 희망을 보았으니
어찌 반갑지 않으랴.

마치 지옥의 고통 속에
한 줄기 시원한 바람을 만난 것과 같음이니
이 어찌 숙세의 영골[1]이 아니겠는가.

다행히 큰 인연이 있어 문득 한 가닥을 잡으니
뜨겁기가 펄펄 끓는 용광로와 같고
차갑기는 만년의 빙하와도 같으니
용기없는 이는 잡고 있기조차 힘이 들 것이로다.

독하고 용맹스러운 이가
이 일단의 일에 온 몸으로 부딪쳐

캄캄한 곳에 외줄 낚시를 드리웠으니
다 함께 지혜 광명을 낚아 보도록 합시다.


- 잠시 침묵한 후 -


백천만겁 동안 헤매면서 찾고 찾았으나
이것이 바로 코 앞에 있는 줄 왜 몰랐을까.
문득 숨 한 번 들이쉬고 내쉬는 순간에
무명업식(無明業識)이 단번에 녹아내리는구나.


1) 영골(靈骨) : 부처님의 사리를 말함.

# 날마다 더욱 향상하소서

회오리치는 바람 속에 우뚝 섰으니
산을 뽑을 만한 기개가 과연이로구나!
누가 있어 이 일을 짐작할 수 있겠는가.
앞산을 눈 속에 넣으니 발 아래로 별빛이 흐르고
바다 밑 화로 속엔 찻물이 끓어 넘치는구나.

동참하는 이여!
오늘의 이 일을 알겠는가.
이 일단의 일은
한바탕 끓어 넘쳐 봐야만 알 수 있는 도리이니
어찌 앉아서만 기다리리요.

오고 가는 가운데 뚜렷한 것을
무엇 때문에 보지 못하고
공연히 헛것을 쫓아
스스로의 몸을 망치고 있는가.

돌이켜 보아라!
움직이는 가운데 몽땅 드러났음이니
또 다시 어리석음을 범해 헛되이 찾아다니지 말라.
한여름의 소나기가 다른 곳에 떨어지지 않듯이
방거사[1] 또한
"송이송이 내리는 눈이 다른 곳에 떨어지지 않는구나." 하였으니
이 어찌 사람을 속이는 말씀이리요.

다만 인연 따라 이 도리를 밝히지 못하고
어리석음을 쫓아다니고 있었음이니
고재고재[2]로다.

다행히 큰 가르침이 있어
스스로의 눈을 볼 수 있도록 장치하였으니
이 도리를 밝히고 안심할 수 있다면
무슨 어려움이 있으리요.

도반들이여!
좋은 인연을 만났을 때
한바탕 힘을 써 본다면

매일매일이 좋은 날일 것이니
이보다 더 통쾌한 일이 없을 것이로다.

모든 인연 있는 분들에게
이 일을 회향(回向)하오니
날마다 더욱 향상하소서.

옴 소로소로 사바하

1) 방거사(龐居士) : 성은 방(龐), 이름은 온(蘊), 자는 도현(道玄). 중국의 형주 사람으로
당나라 정원 때 석두스님에게 가서 선지(禪旨)를 짐작, 뒤에 재가자로서 마조스님께 나
아가 깨달음을 얻음.
2) 고재고재(苦哉苦哉) : 괴롭고 괴롭도다.

# 눈앞의 일을 누가 보는가

이 일단의 일은 보고 듣는 사이에 역력 분명하나니
무엇 때문에 헛되이 밖에서 구하리오.
그렇다고 안에서 찾는다고 해서 찾아지는 것도 아님이니
어떻게 해야 이 물건을 찾을 수 있겠는가?

부득불 안이니 밖이니 하고 이름 붙여 말하고 있지만
눈앞의 드러난 모습 그대로일 뿐 안과 밖이 따로 없으니
알면 쉽지만 모르면 눈 뜬 봉사와 다름이 없음이로다.

허망한 모습이나 이름에 속아 찾고 또 찾아보았겠지만
이 일단의 일이 쉽기만 하겠는가.
그렇다면
"눈앞의 일을 누가 보는가?"

- 잠시 침묵한 후 -

내가 보는 것도, 눈이 보는 것도, 마음이 보는 것도 아니고

또한 보지 않는 것도 아님이니

어찌 보지 않을 수 있으리오.

스스로 보고 있으면서 알지 못하고 있으니

어째서 이 일을 밝혀

어둠을 깨트리지 않고 있는 것인가.


장벽이 눈앞을 가로막아

어떤 것도 보지 못하는 것과 같음이니

이 벽을 무너트려 걸림이 없이 할지로다.


눈이 본다고 한다면

죽은 송장의 눈도 눈인데

왜 그 눈은 보지 못하는 것인가?

이것은 눈이 보는 것이 아니라

눈으로 하여금 보게 하는 놈이 있어 보고 있었을 뿐이로다.

그렇다고 마음이 보는 것은 더더욱 아님이니

어쩔 수 없이 이름하여 마음이 본다고 하였음이로다.

마음이라고 이름한 마음이여! 가히 찾기 어렵도다.

이 일단의 일은

하루 종일 앉으나, 서나, 가나, 오나

알지 못하면 갑갑할 것이로다.

이 갑갑함을 놓치지 말고 계속 주시하다 보면

온갖 변화가 일어날 것이지만

그런 것들에 속지 말고

알려고 하는 인연만을 소중히 생각해야 한다.

알려고 하는 마음으로 인연되어진

알 수 없는 갑갑함을 놓치지 말고

눈앞에 가로 놓여진 벽을 향해 밀어붙이다 보면

시절인연이 다가올 것이니

머뭇거리거나 망상피우지 말아야 한다.

이와 같이 지속적으로 알려고 하면

방해받는 속에서도 한 줄기 옛길을 놓치지 않게 될 것이니

어찌 이것이 사람을 속이는 말이리오.


선지식께서

"송장 끌고 다니는 놈이 뭣꼬?" 한다면

무엇이라고 말할 수 있겠는가.

온갖 분별[1]을 가져 답하려 한다면

미래제[2]가 다하도록 알 수가 없을 것이니
알려고 하는 마음을 가져 눈앞에 두고
찾고 또 찾는다면 어찌 드러나지 않으리요.
이 일은 신중을 기하지 않으면 안 될 것이니
깊은 믿음을 가져
단숨에 언덕을 넘어가지 않을 수 없음이로다.


천지가 열리기 전의 소식이여!
보고 있으면서도 알지 못함이로다.
어인 일로 이것을 깨닫지 못하는가?
돌계집이 애를 낳고
목인이 불 속에서 걸어 나온다면
알 수 있으려니와
그렇지 않다면 해를 지나도록 궁리해도
알 수 없음이니
인연 따라 선방을 찾아
봄날
졸고 있는 선승의 모습을 볼지어다. ☀

1) 분별(分別) : 불교에서 모든 사물과 존재의 본성을 보지 못하고, 겉모습에 매달려

판단하고 사유 및 추론하는 의식 작용.
2) 미래제(未來際) : 영원한 시간을 일컫는 말.

# 시절인연이 문득 도래하면

힘찬 날개 짓으로 창공을 나는 보라매가
먹이를 보고 내려꽂히듯
조금도 주저함이 없이 돌진해 낚아챌지어다.
한없이 기다리며 고기를 낚는 강태공처럼
원하는 고기가 걸려들기만을 기다려서
주저함이 없이 낚아 올릴지어다.

한 번 움직이면 구만리를 쉬지 않고 날아가는 붕새도
마음대로 부려야 하거늘
나머지는 말해 무엇하겠는가.
시절인연이 도래해서 안개가 걷힐 것 같으면
보지 못하는 것이 없게 될 것이니
다시 또 무슨 일을 걱정하리오.
생각을 일으키지 않아도 저절로 즐거운 일이 벌어져
많은 이를 이익되게 할 것인데
생각을 일으켜 움직인다면 더 말해 무엇하겠는가.

이 때를 당하면 하루 종일 생각해도 생각한 바가 없고
생각한 바 없이 생각하게 되나니
힘들이지 않아도 저절로 일들이 이루어질 것이로다.


창공을 나는 보라매여
먹이감을 보고 놓치지 말지어다.
때를 기다리는 강태공이여
곧 꿈이 이루어지리니 주저하지 말라.
시절인연이 문득 도래하면
삼천대천세계가 발 아래 있으리라. **"억(噫)"**

# 무엇이 평상심인가

묘하구나 묘해. 평상심(平常心)이여!
이중의 벽 속에 단단한 자물쇠가 채워졌구나.
이름하여
오고 가고 하는 가운데 있는 것이
평상심이라 하기도 하고
밥 먹고 물 마시는 가운데 일이라고들 하나
다들 모르는 소리로다.

알고 보면 이 도리는
펄펄 끓는 물 속에도 있고
활활 타는 불 속에도 있도다.
눈 속에 또 다른 눈이 있어
늘 함께 하면서도 모르고 지나쳤으니
가히 삼십 방망이(三十棒) 감이로다.

알 수 없어라. 평상심이여!

이렇게 몽땅 드러내 놓고

한바탕 진흙탕 속을 뒹굴었으니

인연 있는 이는 잡아내어 볼지어다.

이와 같이 입제를 하였으니

각자의 솜씨를 발휘하여

평상심의 참모습을 기어코 밝혀야만 되겠도다.


그렇다면 과연 무엇이 평상심이겠는가? **"할(喝)"**


오늘도 남산은 말없이 북산을 마주하고 있도다. **"적(聻)"**

# 3. 선지식의 크신 원력

# 선지식의 크신 원력

용궁에 있는 용마를 잡으려고
보고 또 보고, 보고 또 보고 하면서도
결국 잡지 못하고 멀어지기만 하니 안타깝습니다.
삼독[1]에 찌들린 삶이여!
한평생을 살면서 스스로를 보지 못하니
실로 허망합니다.
소용돌이 속에서 빠져 나오려고 발버둥쳐 보지만
더욱 많은 그림자만 만들고
빙빙 돌고만 있으니 누구를 탓하겠습니까.

아! 선지식이시여.
너무나 안타까운 인연들이 이 땅에 숨쉬고 있습니다.
부디 멀리 하지 마시고 큰 인연으로 이끌어 주십시오.
옛 선지식께서 말씀하시기를
'석가나 미륵이라 할지라도 나의 종' 이라 하셨으니
무엇이 나의 본래 면목입니까?

이 일단의 일을 가져 의심하지 않으면 안 된다 하였으나
아직도 이 몸뚱이를 끌고 다니는 놈을 밝히지 못하고 있으니
자주자주 심통이 일어납니다.

일찍이 이 일에 힘써 죽기를 작정하고 몰아쳐 보았으나
한 걸음도 진척이 없으니
더 이상 어찌해 볼 도리가 없을 지경입니다.
그렇다고 할지라도
결코 포기해서는 안 되는 것이 이 일단의 일이니
일대사인연(一大事因緣)을 기필코 밝히고야 말 것입니다.

이 일을 의심하고 의심하다 보면
더 의심할 수 없는 곳에 나아가게 될 것이며
이 곳에 이르러서도 한 걸음 더 내딛다 보면
문득 눈앞이 밝아져 스스로 알게 될 것입니다.

좋고 좋도다. 이 일 뒤의 일이여
선지식의 바른 가르침이 이 일을 가능하게 하였으니
감사한 마음이 샘솟듯이 흘러나옵니다.
선지식의 크신 원력의 힘이 모든 것을 드러나게 하였습니다.

나무 마하반야바라밀


1) 삼독(三毒) : 탐(貪), 진(瞋), 치(癡)의 세 가지 번뇌를 일컬음.

# 관세음보살님이시여!

관세음보살님이시여!

청정하고 거룩한 몸으로 환생하시어

많은 중생들과 함께 하소서.

힘들고 어려운 속에서도

진리로 향하는 열정이 끊어지지 않도록

용기와 희망을 심어 주시고

더욱 큰 신심으로 거듭날 수 있도록 채찍질을 하시어

큰 지혜의 눈이 뜨여질 수 있도록

가르침을 주시옵소서.

혼탁하고 어지러운 세상에 밝은 등을 비추시어

안과 밖이 밝아질 수 있도록 모두에게 인연을 베풀어

몸과 마음을 편안케 하여 주시옵소서.

영원한 승자이신 관세음보살님이시여!

천지간의 혼탁한 기운을 맑게 할 수 있도록

시간과 공간이 정지된 모습을 보여주시어.

부처 될 수 있는 길로 인도하여 주시옵소서.

오고 가는 이 속에 그 뜻이 분명히 드러났다고 하지만
어리석어 그 말조차 소화하지 못하고 있는
많은 중생들이 구원의 손길을 기다리고 있습니다.

길이길이 이 길에서 벗어나지 않고
조그마한 힘이라도
관세음보살님과 뜻을 같이 할 수 있는
인연을 맺게 하시어
부처님 전에 미래제가 다하도록
공양을 올릴 수 있도록 하여 주시옵소서.

나무 관세음보살 마하살

# 누가 있어 밝게 할 수 있겠는가?

고목처럼 우뚝하고
하루에 한 끼만 먹고 수행을 하나
그 속에는 뜻이 없고
사람들의 눈만 어지럽히는구나.
대중의 마음을 사로잡는다는 것은
그런 일에 있는 것이 아니라
골수를 드러내고 방편을 드리워
많은 이의 속을 뒤집어서
깊은 곳의 어둠까지도
한 순간에 밝게 만드는 데 있으니
누가 있어
이와 같은 일을 가능케 하겠는가? **"삭(削)"**

# 솜씨 좋은 어부여

펄펄 끓는 용광로 속에 연꽃이 피어나고
깊고 깊은 우물 속엔 번갯불이 번쩍인다.


뿔 달린 독룡이 약이 올라 불을 뿜어내며
그물을 벗어나려 몸부림치지만
한번 걸린 그물을 벗어나지 못하는구나.


오랜 세월 기다리던 솜씨 좋은 어부 앞에
천금의 가치를 지닌
용의 뿔을 얻을 기회가 닥쳐왔음이니
온 몸의 핏줄이 솟고 기운이 뒤집어질지라도 놓치지 말지어다.
어느 순간 몸통이 드러나고 더욱 사납게 몸부림치겠지만
사로잡을 때를 기다릴 줄 아는구나.


날쌘 금시조[1]가 용을 덮치려고 하지만
솜씨 좋은 어부는 이 또한 용납하지 않는구나. ◉

금시조여, 금시조여!

어부의 자비를 기다려 뿔 없는 용을 먹을지어다.

깊은 잠을 깨운 솜씨는 상식을 벗어났고

그물을 드리워 독룡을 잡는 솜씨 또한 흉내낼 수 없도다.


금시조를 다루는 솜씨는

말로는 설명할 수 없을 정도로 초월하였으니

그 묘한 솜씨를 과연 누가 엿볼 수 있겠는가?


귀신들을 잡아 가두는 솜씨여!

산 영가와 죽은 영가를 함께 거두는구나.

깊은 우물 속에서 번갯불이 번쩍이니

온 천지가 그대로 연화장세계[2]로다. **"악(噁)"**


---

1) 금시조(金翅鳥) : 인도 신화에 나오는 상상의 새. 수미산(須彌山) 아래에 살고, 용을 잡아 먹는 용맹스러운 새.

2) 연화장세계(蓮華藏世界) : 연화(蓮華) 속에 담겨있는 세계. 비로자나불(毘盧舍那佛)이 계신 정토(淨土)를 연화에 비유한 것임.

# 밝은 빛을 잃지 말지어다

만고의 꺼지지 않는 광명이 여기에 빛나니
해와 달이 그 빛을 잃었도다.
그동안 무엇 때문에 그 빛을 잃고 살아 왔던가?
다행스럽게 부처님께서 세상에 나오시고
조사님들께서 징검다리 역할을 하셨으니
오늘 다시 그 빛을 되찾을 수 있음이라.

힘들게 찾은 이 큰 빛을 꺼뜨리지 않게
온 몸으로 항시 작용해서
더 많은 어리석음을 녹여 없앨 수 있어야 되겠도다.
스스로 눈 멀고 분별하는 마음을 일으켜 밝음을 잃었나니
또다시 어리석음을 범해 밝은 빛을 잃지 말지어다.

도반들이여! 힘을 합해
이 만고의 큰 등불을 꺼뜨리지 않도록 정성을 쏟아
지금과 같은 좋은 인연을 만났을 때

스스로의 등(燈)을 더욱 밝히고

온 누리에 법등(法燈)을 밝힐 수 있는

이 인연을 소중하게 살펴야 한다.


원력이 있어야

이와 같은 큰 불사를 능히 지을 수 있음이니

어떻게 찾은 불씨인데

꺼뜨리고 잃어버릴 수 있겠는가.

혼자의 힘보다는 같은 기운들이 모여 뜻을 합하였을 때

새로운 인연들을 제도할 수 있게 될 것이니

석가모니 부처님의 원력을 다시 한 번 상기해서

이 불씨를 더욱 밝혀가야 되겠도다.


나무 원통회상 불보살

# 은산철벽일지라도

상상을 초월한 힘의 근원을 밝히려고
비지땀을 흘리며 난관을 극복하기 위해
오늘도 보이지 않는 벽과 마주하고 온 몸으로 부딪혀 보지만
힘차게 부딪칠수록 뒤로 더욱 물러가니
용기없는 자는 애시당초 염두에 둘 일이 아니로구나.
이빨이 칼숲 같고 불거진 힘줄이 곧 터져 나올 듯한
금강역사라 할지라도 힘겨워하기는 마찬가지로다.
이렇듯 힘들고 가파른 길을 겪어 내려고 하니
온 몸이 휘둘리고 입술이 덜덜덜 떨리는 것이
예삿일이 아니로구나. ⦂

힘에 벅찬 일을 당할지라도
용기를 잃지 않고 나아가려고 한다면
왜 힘을 덜지 못하겠는가.
처음부터 각오가 단단한 사람이라면
어떤 어려움도 극복해야 되리니

쥐어짜듯이 밀어붙이면
결판이 나도 나게 될 것이로다.


은산철벽[1]일지라도 밀어붙인다면
불가능이라도 가능하게 될 것이니
해 보지도 않고 물러서지 말 지어다.
밀어붙이고 밀어붙이다 보면
꿈 속에서도 밀어붙이게 될 것이다.
이 때를 당해 더욱 정성을
간절하게 쏟을 것 같으면
인연 따라 눈앞이 밝아질 것이니
선지식을 찾아
탁마[2]를 게을리하지 말지어다.


마하반야바라밀


1) 은산철벽(銀山鐵壁) : 캄캄하고 뛰어넘을 수 없는 높은 벽으로, 깨뜨리기 어려운 장애
를 비유해서 쓰는 말이다.
2) 탁마(琢磨) : 옥석(玉石)을 쪼고 간다는 말로서 학문이나 덕행을 갈고 닦음을 이름.

# 급하고 급한 생사의 일

"이와 같은 솜씨를 지닌 선지식을 만나
한 순간에 놓아 버릴 수 있어야
비로소 반분이라도 알았다고 할 수 있음이니," 라고 한
이 일은 도대체 무엇을 말하는 것일까.

이 일에 인연이 조금이라도 있는 자라면
생사의 일이 급하고 급하니
모름지기 이 일에 힘써야 될 것이다.
어찌 머뭇거릴 것인가.
즉시 선지식을 찾아 해결하지 않으면 안 되나니
살피고 살필 지어다.

보고 듣는 이 가운데 분명하게 작용하는
이 물건은 도대체 무엇일까?
마음도 아니고, 물건도 아니고
나도 아니라고 하였으니

스스로 알지 않고서 어찌 알 수 있으리오.

- 잠시 침묵한 후 -


선두에 서서 달리는 외로운 주자여
결코 돌아보지도 멈추지도 말라.
저 어두운 곳에 결승점이 있음이니
최선을 다해 달리고 또 달릴지어다.
성품이 작용하는 곳에 선지식이 있어
인연 따라 비춰가면
날로 도업(道業)이 원만해지리라.


구름이 왜 생겨났는지를 살펴보고
일어나지 않도록 할 수 있다면
언제나 맑은 하늘이 아니겠는가.
문득 구름이 일어난다 해도
그 즉시 놓아버릴 수만 있다면
언제 일어났느니 안 일어났느니 하는 시비가
왜 일어나겠는가.

그렇지만 구름이 있고 없고에 관계없는
이 물건은
옛부터 이곳에 자리하고 있었음을
분명히 알지 않으면 안 될 것이로다.


- 한참을 침묵한 후 -


(손을 들어 한 획을 그으면서)


**허공에 한번 색을 칠해 보십시오.**

# 무엇을 주저하는가

천마를 타고 허공에서 내려오니
뭇 중생들이 어쩔 줄 몰라 두려워하는구나.
천지간의 기운이 한번 돌아 새로운 모습을 선보이니
이것이 길인지 흉인지 알지를 못하는 어리석음이여.
무엇을 주저하는가?
밝은 빛이 눈앞에 분명하거늘
왜 큰 길을 향해 나아가질 못하는가?

보이는 것을 도외시하고
보이지 않는 세계를 향해 눈을 크게 뜨지어다.
그렇게 되면
보이고 보이지 않고에 관계없이
낱낱이 알게 될 것이니
무슨 근심걱정이 있겠는가.
이 세상 모든 것이 마음을 인연하여 나타난다고는 하나
이 마음을 밝히지 못하고 이치만 쫓고 있으니

실로 안타깝도다.


마음, 마음, 마음 하는 이 마음의 실체를 밝게 사무쳐
보이지 않는 세계를 한번 밝혀 보지 않고서는
어찌 두려움에서 벗어날 수 있겠는가.
그렇다면 어떻게 해야 이 마음의 정체를
분명하게 밝힐 수 있을 것인가.


인연 있는 이들이여!
믿음을 가져 괜한 의심은 하지 말라.
의심할 것을 의심해야지
의심하지 않아도 될 것까지 의심한다면
실로 어리석다 아니할 수 없도다.
그러므로 바르게 의심하게 할 수 있는
눈 밝은 선지식을 의지하지 않을 수 없음을 알고
스스로의 가장 가까운 곳을 살피고 살필 지어다.


천마를 타고 노니는 눈 밝은 이여!
겁 많은 죄인들의 목에 쓴 칼을 벗겨
시원함을 맛보게 하여 주소서.

다겁생의 어리석음으로
한 치 앞을 보지 못하고 있으니 안타까울 뿐입니다.
일찍이 짐을 스스로 지고 왔으나
내려놓을 줄 모르고 어리석음을 범하고만 있으니
내려놓을 수 있도록 길을 잘 인도하여
시작과 끝이 동시임을 알게 하여 주소서.

# 이 일을 어이 할꼬

어둠의 뿌리가 깊고도 깊어
어디까지인지를 모를 때
얼마나 답답하겠는가?
평소 같으면 별일 아닌 것처럼 지나갈 일이
이 일에 관심이 생기고부터
남의 일이 아니라 직접 나와 관계되는 것임을 알면
더욱 답답해질 것이다.

어둠의 근원은 과연 무엇일까?
어둠 속에 뛰어든다고 알 수 있을까?
이 알 수 없는 궁금증을 풀기 위해
매진하지 않으면 안 된다.

그렇다면 이 손가락 움직이는 것이
'마음이 하는 것도 아니요
내가 하는 것도 아니요

손가락이 하는 것도 아니라면
과연 나로 하여금 움직이게 하는 놈은 무엇일까?
이렇게 스스로 의문을 일으키게 되었을 때
과연 어떻게 잡들여 의심해야 되는지를
알 수 있는 자가 그 몇이나 되겠는가.
거의 대부분이 의심 아닌 의심을 하면서
의심하고 있는 줄 착각하고 있으니
이 일을 어이 할꼬.


병 깊은 환자는
노련하고 정통한 의사를 찾아가야 하듯이
화두병(話頭病)을 앓고 있는 이가 있다면
선지식을 만나지 않으면 안 된다.
길을 잃고 헤맬 때
안내자를 제대로 만나게 된다면
어찌 길을 잃을 수 있겠는가.


- 잠시 침묵 후 -


보리[1]열반[2]의 언덕으로

번뇌망상의 수레를 굴리니
마른 하늘에 벼락치고 거친 파도 일어난다.
밑구멍없는 배를 타고
파도를 넘나드니 눈먼 거북 숨을 쉰다.

몇 겁의 인연인가 노 저어 보세.
선지식의 가피(加被)를 몇이나 입을 손가.
너도 나도 가피 입어
하루 속히 벗어나세.
억겁의 굴레 속에 나뒹굴지 얼마이던가.
모처럼의 밝은 광명
온 마음을 시원케 하네.
오래오래 빛 속에서 희망을 노래하세.

---

1) 보리(菩提) : 산스크리트 어 '보디(bodhi)'의 음을 딴 것으로, 진리에 대한 깨달음을 나타내고, 그 깨달음을 얻는 지혜도 포함한다.
2) 열반(涅槃) : 모든 번뇌의 얽매임에서 벗어나고, 진리를 깨달아 불생불멸의 법을 체득한 경지. 불교의 궁극적인 실천 목적이다. 고승의 입적(入寂)과 같은 죽음을 의미하기도 한다.

# 한 줄기 빛을 보여

어둠 속에서 밝음을 찾을 수 있는 인연이여!
숨도 쉴 수 없을 정도로 꽁꽁 묶인 감옥에서
한 줄기 빛을 보여 주신 것과도 같음이니
어찌 멀리 할 수 있겠는가.

부처님의 가르침을 가까이 할 수 없었다면
끝내 어둠 속을 벗어나지 못하고
영원히 밝음을 등지고 살 수밖에 없었을 것이다.
천만다행으로 태양보다도 더 밝은 빛을 만나
어둠 속을 헤매지 않게 되었으니
이보다 더한 행운이 있을 수 있겠는가.

쉬지 않고 비치는 태양보다도 더 밝은 빛으로
이 사바세계에 나투시어
어둠과 밝음을 큰 빛으로 인도하시었으니
법계를 장엄함이여! 크고 빛나도다.

모양도 32상(相) 80종호(種好)를 갖추시고
그 이름 또한 정각을 이룬
석가모니 부처님이라 칭하셨으니
얼마나 많은 중생들이 어둠 속에서 길을 잃지 않고
밝음으로 거듭날 수 있었겠는가.


어둠 속에 밝음 있고 밝음 속에 어둠이 자리하고 있도다.
그 가운데 밝고 어두움에 관계하지 않는 물건이 있으니
일찍이 단 한 번도 밝고 어둠에 물들지 않았으며
항상 밝아 어둠과 밝음을 주재하고 있나니, 이 어떤 물건인고?


모든 것은 계속해서 돌고 돌지만
이것은 단 한 번도 돌지 않았고
또한 돌지 않는 가운데 한 움직임을 잉태하였으니
어찌 천지간의 모습과 같다 하지 않으리오.
일체처 일체시에 두루하나 볼 수가 없고
조그만 움직임에도 그 모습이 이그러지나니
이 순간을 포착해 잡아낼 것 같으면
본래의 모습이 뚜렷이 드러남을 보게 되리라.

어둡고 밝음이 이 하나의 모습에서 비롯되었으니

어찌 둘이라 할 수 있으랴?

그렇기는 하나 밝음은 밝음, 어둠은 어둠일 뿐이니

다시 무슨 모양을 가졌다 하리오.

모양없는 가운데 밝음과 어둠의 모양을 만들어 내었으니

큰일을 이루었다고 해도 옳고

저지레[1]를 했다 해도 또한 옳은 말이로다.

옳고 그름을 떠난 말은 설명할 수 없음이니

근원을 꿰뚫어 스스로 볼 지어다.


마하반야바라밀


---

1) 저지레 : 그르치는 것, 말썽부리는 것.

# 진실을 밝히는 길

누구나 이것을 뻔히 보고 있으면서도
그 진실을 밝히지 못하고 있다면
무엇 때문일까?
스스로의 생각에 갇혀 벗어나지 못하고 있으니
보지 못하는 것이 당연한 일이로다.
언제나 있는 그대로를 보고 쓰려 한다면
크게 깨닫지 않으면 안 되나니
솜씨 좋은 선지식의 인도를 받아
스스로를 보지 않고서는
보고 있는 이 일을 알 수 없음이라.

예전의 큰 선지식께서는
이 일을 밝힐 수 있는 길을 열어
많은 인연 있는 이들을 건져내셨으니
자세히 살펴보지 않고서는
더욱더 힘들어질 뿐이로다.

혼자의 힘으로 밝힐 수 없는 것은 아니겠지만
거의 불가능에 가까운 것을 어찌하랴?
그렇기 때문에 이 일을 밝게 사무쳐
어두운 길을 밝혀 줄 수 있는 힘을 지닌
스승을 찾아 공부하지 않으면 안 된다.

끊임없이 의심이 이어질 수 있는 활구[1]를 참구해
스승의 문턱이 닳아지도록
묻고 또 물어서 큰 일을 해 마쳐야 되리로다.
이렇듯 지어가다 보면
어느 순간 문득 앞뒤가 끊어지리니
스승의 점검을 받아 놓아 지낼 것 같으면
무슨 어려움이 있겠는가.

귀신도 엿보지 못할 이 일을 밝히게 되었으니
인연 따라 지내면서 세월을 보내다 보면
어찌 영가(靈駕)를 천도(薦度)하지 못하리요.

맑고 밝은 선지식의 눈으로

산 영가 죽은 영가들을 제도하지만
이 또한 꿈 속의 일이 아니겠는가.

　　꿈 속의 꿈을 꾸고 해몽을 부탁하니
　　눈앞의 모습 또한 꿈이라 하는구나.
　　1, 2, 3, 4, 5, 6, 7 이여
　　만법이 하나로 돌아가니
　　이 하나는 어디로 돌아가는고?

1) 활구(活句) : 의심하지 않으려 해도 저절로 의심이 되는 화두.

# 더 두고 볼 수 없도다

"유심(有心)이 필요한 사람에게는 유심을
무심(無心)이 필요한 이에게는 무심을
또한 유, 무심을 필요로 하지 않는 이에게는
상대를 초월한 가르침을 드리워 이익을 줄 수 있어야 된다."

한순간에 이 모든 것을 살펴 쓸 수 있는 보살이여!
눈 멀고, 귀 어둡고, 허망하고, 어리석은 모습으로 살고 있는
중생들을 위해 문을 열고 나아갈 길을 제시하여 주소서!

부처님의 가르침이 우리 가까이 있다고 하지만
보고 있으면서도 도리어 멀어져만 가니
이것이 안타까울 뿐입니다.
끝없는 욕망과 허영에 붙들려
스스로를 돌이켜 볼 시간적 여유를
단 한 번도 가져 보지 못하고 있으니
이것을 누구의 허물이라고 해야 하겠습니까?

스스로의 허물도 보지 못하고 있는 어리석은 중생들을
어떻게 제도할 수 있느냐고 반문하실지 몰라도
결코 방치한 채 더 두고 볼 수는 없습니다.

원력으로 거듭나신 불보살들이시여!
저 불타고 있는 화택(火宅) 속에서
인연 있는 이들을
하루 속히 건져 주셔야 되겠습니다.
부처이면서도 부처임을 알지 못하는 뭇 중생들이
오늘도 수없이 배회하면서
어리석은 짓을 되풀이하고 있으니
참으로 가슴 아픈 현실이 아닐 수 없습니다.
부처님의 가르침을 듣고
한순간에 몰록 깨달으면
자신뿐만 아니라 일체중생을
한꺼번에 다 제도해 마칠 수 있다 하였으니
증명해 보여 주시옵소서.

나무 보현보살 마하살

# 눈 밝은 이의 좋은 솜씨

선장의 노련한 움직임에 따라서
거친 파도를 이겨낼 수 있는 것처럼
눈 밝은 이의 좋은 솜씨 때문에
컴컴한 밤길을 잘 갈 수 있음이로다.
과연 이 눈 밝은 이를
어느 곳에서 찾을 것인가.

입안의 혀처럼 능수능란하다면야
찾고 찾지 않고를 관계하지 않을 것이나
오늘도 움직이지 않는 혀를 움직여
입을 열려고 하는구나.

일찍이 가고 오고에 관계하지 않는 물건이
자기 안에 자리잡고 있다고 하였는데
어찌 이것을 밝히지 않고 있을까?
노련한 선장을 만나면

그 움직임이 예사롭지가 않아
단박에 닻을 올리고 항해를 계속하여
목적지에 다다르겠지만
본디 둔하고 서투른 놈이
무엇을 어찌 하겠는가.


조주스님[1]의
아침 죽을 먹고 바루를 씻는 일이야
늘상 있는 일이라고 하겠지만
아직도 무슨 말인 줄조차 몰라
엉뚱한 곳을 더듬고 있으니
한심하고 한심한 일이로다.


예전의 가난도 가난이었겠지만
지금의 가난이야말로
송곳 세울 땅조차 없을 정도로 가난하다고 하여
점점 닦아 나가는 모습을 드러내 꼬리를 보였으니
어찌 솜씨 좋은 이의 방망이 맛을 보지 않을 수 있으랴.


어떤 어리석은 놈이

모처럼 눈먼 고기를 잡고서

무슨 일인지 몰라 허둥댄다면

누구에게 이 일을 물어야 될 것인가.

귀를 잡고 움직이는 일이야 일임하겠지만

어느 곳으로 가야할지를 알지 못한다면

낭패가 아니겠는가.

그렇지만 동서남북 어느 곳인들 막힘이 있으랴.

인연에 맡겨 흘러가면 될 뿐인 것을…….


양머리를 걸어 놓고 개고기를 판다면

맛보지 않고서 어찌 알 수 있으랴.

설사 그렇다 할지라도

한 생각 돌이켜 바로 볼 것 같으면

양은 양, 개는 개일 뿐이로다.


1) 조주(趙州) : 중국 당나라 임제종 승려. 남전보원(南泉普願)의 법제자로 불법을 크게 떨침.

# 용을 낚을 수 있는 솜씨

공연히 평지에 풍파를 일으키는 까닭은 무엇인가?
일없는 가운데 시비를 일으켜
잠자는 사나운 용을 깨워 낚으려 함이로다.
온통 휘저어 물을 흐려 놓으니
이 일을 누가 좋아하겠는가.
그렇지만 앞뒤를 가리지 않는 무지막지한 놈이 있어
기어이 일을 저지르니
소용돌이가 일고 큰 소리가 울려 퍼져 다들 혀를 차는구나.

크게 약을 올려 낚시를 한 자쯤 물 위에 놓고 희롱하니
분기탱천[1]하여 덥석 문다.
몇 날 며칠을 밀고 당기며 온통 분탕을 치더니
제 아무리 힘센 놈도
노련한 낚시꾼의 솜씨를 벗어나지 못하는구나.
한풀 꺾여 그 큰 허물을 벗어 던지니
훤칠한 대장부의 기상이 역력하도다.

오랜 기간 기다렸어도 허물을 벗지 못하더니

솜씨 좋은 어부 만나

비로소 용궁을 벗어나는구나.

시절인연이 없었다면 어찌

이렇듯 모습을 바꿀 수 있었겠는가?

공연히 풍파를 일으킨 것은 역시 까닭이 있었음이로다.


호호탕탕[2] 어디에도 걸림이 없으니

이보다 더 좋은 일이 또 어디에 있겠는가?

더욱 힘을 길러

옛사람의 은혜를 저버리지 말아야 할 것이니

더 큰 방편으로

걸리는 대로 낚을 수 있어야 될 것이로다.

그러나 크고 사나우며 거친 용을 낚을 수 있는

솜씨를 지니지 않으면 안 되니

이런 솜씨를 지녀야만

뭇 어려움을 이겨내고 벗어날 수 있음이로다.

이미 이런 솜씨를 지녔다면

아무리 어려워도 무슨 어려움이 있겠는가.

- 손으로 허공에 한 획을 긋고 -


가고 옴이 분명함이로다.


- 잠시 침묵한 후 -


걸려 있으면서도 걸린 줄 모르고 살다가
솜씨 좋은 어부에게 기어이 걸려 들었구나.
한동안 몸부림치다 몰록 그물을 벗어나더니
용궁의 장경3)을 스스로 토해 내는구나. ◎


1) 분기탱천(憤氣撑天) : 분한 마음이 하늘을 찌를 듯 격렬하게 복받쳐 오름.
2) 호호탕탕(浩浩蕩蕩) : 썩 넓어서 끝이 없음.
3) 장경(藏經) : 대장경의 준말로 경 · 율 · 론의 삼장이나, 역대 고승의 저서 등을 모은
불교 성전의 총칭.

# 4. 화두를 본다 함이여

# 화두를 본다 함이여!

온 몸이 피처럼 붉고, 머리는 기형이고
몸은 괴물같이 크고, 손과 발은 제멋대로 달려있고
이빨은 칼숲처럼 사방으로 뻗쳐 있어
한번 물면 쇳덩어리도 끊어지나니
누구든지 한 번 보면
온 몸의 털이 솟구치고 긴장감이 넘쳐
스스로 도망치기 일쑤이니
세상에 둘도 없는 괴물이 나타났음이라.

일찍이 없었던 말을 하고
만났다 하면 집어삼킬 듯이
철두철미하게 심장을 파헤치나니
가까이서 직접 당해 보지 않고서는 누구도 알 수 없음이라.
그의 선대 또한 그러했거니와
지금 이 일을 벌이는 당사자는 더하면 더했지
그와 같은 무리를 찾아보기 힘들 지경이니 말해 무엇하리오.

일찍이 수행을 게을리해서 수없는 사람에게 피해를 주었고
한 번 했다 하면 물불을 가리지 않고
몇 날 며칠이고 스스로를 괴롭혔음이라.


그러다가 인연을 만나 몰록 인두겁을 벗어던지더니
묵묵히 앉아 비춰보는 이를 만나면
철두철미하게 깨부수어
평지에 풍파를 일으켰도다.
고금의 어려운 문제를 들고 일어나
화두를 보라고 주창했으나 알아주는 이가 없었고
그 후손 또한 마찬가지여서
오늘의 현실 속에서
거듭 화두를 들어야 한다고 말을 하고 있지만
헛소리를 하는 마구니들이
곳곳에서 함정을 파고, 협박도 하고, 유혹도 하고 있으니
이 역시 제대로 된 판을 벌리기가 쉽지 않구나.
그렇지만 알고 보면
화두 들고 공부하는 것보다도 쉬운 방법이 없음이니
모르면 입을 다물 것이요,
알고 있다면 보다 분명하게 이 일을 드러내 보일지언정

술 취한 사람처럼 횡설수설하지 말아야 할 것이로다.


무엇을 화두라 하는고?
귀신도 엿보기 어려우나 눈앞에 드러나 있도다.
화두를 본다 함이여!
목에 쓰고 나온 칼을 벗겨 줌이로다. **"훔(吽)"**

# 대봉이여, 어떤 모습인고?

만리 푸른 창공을 나는 대봉(大鳳)이
뜻이 없다고 말할 수는 없겠지만
그 뜻을 어찌 헤아려 알 수 있겠는가?

대봉이여!
일찍이 그 모습을 어느 곳에 감추었는고?

항시 모습을 나투되 나투지 않는 모습으로
그 모습을 나투었다고는 하나
모습이 보이지 않으니
눈이 있어도 보지 못하고
입이 있어도 설명할 수가 없구나.

이 어떤 모습인고?

# 알고 모르고는 큰 일

이미 눈앞에 모든 것이 드러났다면
무엇을 다시 찾아야 되겠는가.
다 드러난 그 곳에서 오고 가면서도
그것을 알지 못하는 어리석음을
깨달음으로 인도하려는 이유가 무엇일까?

이 도리가 분명하다면
깨닫는다는 것도 어리석음이거늘
또다시 깨달아야만 된다는 말은
무슨 뚱딴지같은 소리인가.
그렇지만 알고 모르고는 큰 일이니
인연 따라 이 일단의 일을
밝히지 않으면 안 될 것이로다.

- 한참을 침묵한 후 -

바람 불고 눈 내리나
다른 곳에 떨어지지 않는구나.
어느 곳에 눈이 내리냐고 묻는다면
다만 한 손가락을 세워 보여준다네.

이 무슨 도리인고?

# 어찌 듣지 못하는가?


이 하나의 물건이
과거에도 있지 않았고
현재에도 있지 않으며
미래에도 있지 않다.
그렇다고 있지 않은 것도 아님이니
이 무엇인고?


저 하나의 피리 소리는
대나무가 내는 소리도 아니며
입을 놀려 바람이 내는 소리도 아니다.
신령스러운 기운이 있어 작용하기는 하나
어찌 눈앞의 소리를
들으면서도 듣지 못하는가?


눈 뜬 장님과 같아서
뻔한 것을 앞에 두고도 보지 못하는 것은

옛과 지금이 조금도 달라지지 않았구나.


듣되 들은 바 없이 듣고
보되 본 바 없이 본다고 해도
역시 삼십 방망이를 면할 수는 없도다.


어떻게 해야
이 억겁의 그물을 뚫고 나올 수 있을 것인가?

# 쉼 없이 활구를 의심해야만

과녁을 맞추기 위해 당기는 활시위처럼
목표를 향해 팽팽하게 당겨 화살을 놓았을 때
맞추지 못하였다면
맞출 때까지 쏘고 또 쏘아서 뚫지 않으면 안 되나니
화살이 만든 그림자를 보지 말고
날아가고 있는 화살촉을 놓치지 말아야 할 것이로다.


이윽고 눈을 감고서도 명중시킬 정도로 익숙해졌다면
조만간 한 개의 쇠북만을 뚫을 수 있을 뿐만 아니라
열 개의 쇠북을 동시에 뚫고도 남을 만한 기세의
활을 쏠 수 있게 될 것이니
부지런히 할지언정
게으름을 피워 스스로를 방해하지 말지어다.


이와 같이 화두 드는 사람은
이 도리를 참구해서

활구(活句)를 의심할지언정
사구(死句)를 의심해서 헛수고를 해서는 안 된다.
쉼 없이 활구를 의심해
앞서 쏜 화살 끝을 계속해서 맞출 것 같으면
어찌 빗나갈 일을 걱정하리오.
그러다 문득 은산철벽을 무너뜨리게 되면
모든 것이 드러나리라.


  최선을 다해 과녁을 꿰뚫을 것 같으면
  만겁의 허물이 벗겨질 터인데,
  활을 쏘는데 주저할 것이 무엇인가?
  쏘고 또 쏘아 스스로를 볼지어다.

# 허공의 허물을 벗길 수 있다면

- 한참을 침묵한 후 -

**"할(喝)"**

이 도리를 알겠는가?

허공의 허물을 벗길 수 있다면
어찌 모를 수 있겠는가.
나는 새를 허공이 붙잡고 있다면
허공의 정체는 과연 무엇인가.

보되 보는 바 없이
보고 있는 것이 나라면
허공은 나를 어떻게 볼 수 있을까?
허공이 이와 같이 보고 있고
모든 것이 분명하다면

허공골[1]을 드러내기 위해
스스로를 보지 않으면 안 될 것이로다.


보는 바 없이 보고 있는 허공이여!
나의 족쇄를 풀어 준다면
그 허물을 벗겨줄 수 있겠지만, 그렇지 않다면
영겁[2]토록 그 모양을
벗어던지지도
볼 수도 없을 것이로다. **"돌(咄)"**


어떻게 해야 그 허물을 벗어던질 수 있을 것인가?


　사방은 컴컴한 모습으로 가득하기만 하고
　밝음의 인연은 멀기만 한데
　어둠과 밝음을 머금은 허공은
　스스로를 벗어던지지도 못하고
　엉거주춤한 모습을 바꾸지 않고 있으니
　날으는 새로 하여금 허공골을 깨트려
　진정한 허공의 모습을 보게 한다면
　나의 모습 또한 저절로 보게 되리라.

1) 허공골(虛空骨) : 허공뼈. 유무(有無)를 초월한 격외(格外)의 소식을 일컬음.
2) 영겁(永劫) : 무한의 시간. 영원.

# 무엇이 마음입니까?

우주 안에 우주 있고 우주 밖에 또 우주가 있으니
얼마나 크고 넓은지 헤아려 알 수 없음이라.
다만 이와 같이 큰 우주를 마음속에 두었으니
실로 마음이라고 이름한 마음은 얼마나 크겠는가?

이보다 더 큰 것이 없으니
가장 크기도 하고 가장 작기도 하도다.

모습없는 모습의 참모습이여!
인연 따라 흐름을 만들고
그 흐름이 움직이는 모습을 드러나게 하였으니
잠시도 멈추지 않고 모양을 바꾸었도다.
바뀐 모습 속에 낱낱의 우주를 담고 있으니
마음 또한 그러하구나.

마음, 마음 하는 마음이여!

그 겉과 속을 드러내 걸림이 없도록 할지어다.

스스로 보면서도 알 수 없으니 실로 괴이하구나.

가장 가깝기도 하고 가장 멀기도 한 것이 마음이로다.

그런데도 알지 못하고 있으니 막혀 있음이라.

잠깐 그 마음을 열어 스스로 보게 할 것이니

어리석은 마음을 쉬고 또 쉴지어다.


– 참고 삼아 하나의 인연을 선보이니 참구하길 바란다 –


(손을 들어 보이면서)

"무엇이 마음입니까?"

"알겠는가?"

"모르겠습니다."

"그렇다면 이것은 손이 움직인다 해도 안 되고

마음이 움직인다고 해도 안 되니

이렇게 움직이게 하는 것은 무엇인가?"

"모르겠습니다."

"그 모르겠다는 것에 착안해 보아라."


이렇듯 지어가다 보면

문득 쉬게 될 것이니, 급하고 급한 일이로다.

  쉬지 않고 하루에 천리를 가는 잉어가
  폭포를 만났으니, 올라가지 않을 수 없고
  물러서자니 진퇴양난이로다.
  뜻을 굽히지 않고 천신만고 끝에 올라가니
  흰 구름이 인연 따라 뭉게뭉게 일어나는구나. **"억(噫)"**

# 이 무슨 도리인고?


창궐하는 번뇌 속에서도
조금도 변하거나 물들지 않는 이여!
무슨 까닭으로 중생계를 만들고
수많은 이로 하여금 고뇌케 하는가?


어제도 오늘도
눈앞의 어리석은 무리들이
이유도 모르고
어디론가 흘러가고 있음이로다. "돌(咄)"


천만다행으로
인연 따라 세존께서 출현하시어
낱낱의 뜻을 밝게 깨달으시고
고통받는 어리석음에서 벗어나
맑고 밝은 기운을 쓸 수 있도록
길을 드러내고 안내하셨으니

만고의 희유한 일이로다.


시절인연을 밝히기 위해
허공에 말뚝을 박으니
깊은 잠을 자던 마구니가 놀라 일어나고
허공의 말뚝을 문득 뽑아내니
저 매미소리 또한 소리가 아님이로다.


이 가운데 만고의 한가한 이여!
오고 가는 곳에서 무엇을 보았는가
무쇠로 만든 놈이
훨훨 타는 불가마 속에서 살아나오니
그 크기가 한 자 반이로다.
설사 그렇다 하더라도
어제와 오늘이 변함이 없으니
이 무슨 도리인고?

- 잠시 침묵한 후 -


깊은 물 속에서는 찻물을 달이고
높은 산 위에선 허물을 벗는구나. "할(喝)"

# 실상묘법이여!

한 줄기 시원한 바람을 불러오는 것은 무엇의 힘입니까?
분명 움직이게 할 수 있는 기운이 작용했기 때문에
바람의 움직임이 생겼겠지요.
그렇다면 무엇이 이렇게 움직이게 하는 것일까요?
이미 움직임이 느껴진 것은 한참 후의 일이겠지만
처음 움직임이 일어났을 때의 모습은 어떠했을까요?
움직이되 움직인 바 없는 움직임의 흔적을 볼 수 있다면
무엇이 움직이게 했는지를 잘 알 수 있지 않겠습니까.

이것의 정체를 눈앞에 보고 있으면서도 보지 못하고
어리둥절하고 있는 것이 때묻은 자의 모습입니다.
이렇듯 흔적 없이
알게 모르게 때를 묻히고 있는 것이 현실이라면
때묻기 전의 모습으로 돌아갈 순 없는 것일까요?
돌아갈 수 있다면 어떻게 해야 할까요?

결론부터 말하자면

근본을 밝히지 않고서는 돌아갈 수 없습니다.

원인을 일으킨 원인으로 되돌아가

원인도 없는

실상묘법[1]의 참모습을 보지 않으면 안 될 것입니다.

그렇기 때문에 이것을 밝힌 선지식께서

뒷일을 부촉[2]하신 까닭이 어디에 있는 줄

잘 알지 않으면 안 되는 것입니다.


실상묘법이여!

눈앞에 모든 것을 보여주고 있다 하지만

보면서도 보지 못하고 있으니 이 어찌된 까닭입니까?

이미 보고 있으니 모르고 살아도 된다는 말인가요?

아니면 또 다른 무엇이 드러난다는 말인가요?

이 일에 걸려 답답해하는 인연 있는 자를 위해

한 말씀 해 보십시오.


　눈도 없고 귀도 없으나 보고 들을 줄 알고

　보고 들을 줄을 알지만 모양이 없으니

　드러냈으면서도 막힘이 있도다.

무엇 때문일까?

숨을 쉬려고 해서 쉬는 것이 아니라

인연 따라 쉬고 있을 뿐이니

무슨 큰 일이 또 있겠는가.

평상의 일이 그러하고 그러해서

별달리 이 일보다 더 큰 일이 없음이니

공연히 쓸데없는 일을 늘어놓지 말지어다. **"악(惡)"**

---

1) 실상묘법(實相妙法) : 실상은 언어나 마음으로 분별할 수 없는 진실 자체의 모습 또는 존재의 있는 그대로의 진실한 모습을 말하고, 묘법은 미묘한 법문을 뜻하므로 실상묘법 이란 곧 제법실상(諸法實相)에 대한 법문을 일컫는 말이다.
2) 부촉(付囑) : 부처님이 법을 전하는 일을 위촉하시는 일.

# 스스로 속고 있을 뿐

"무엇이 부처입니까?"

"마음이다."

하는 이 말에

설명할 수 없는 가시가 돋혀 있음을 알아야 된다.

바로 살펴 깨달았다면

무슨 말이 더 필요하겠는가.

그렇지만 깨닫지도 못하고 의심하지도 않는다면

그저 그럴 뿐이니

한낱 말에 불과할 뿐이로다.

이 일단의 일에는 매우 분명한 것이 자리하고 있으니

스스로 밝히지 않고

남의 말에만 의지해서 살피려고 한다면

끝내 멀어질 뿐이로다.

"또한 무엇이 부처입니까?"

"마음이 아니다."

하는 이 말에도
만질 수 없는 가시가 솟아 있음이니
소화하지 못한다면 말만 배워 무엇하겠는가?
이렇게도 말하고 저렇게도 말하는 가운데
오묘한 뜻이 자리하고 있음이니
정확하게 과녁을 쏘아 맞힌다면
어찌 그 속을 알지 못하리오.

그러나 이 뜻을 알지 못하면
어떤 신통 변화를 불러일으킨들
부처님의 손을 벗어나지 못한 손오공처럼
붙들리게 되어 있음이로다.
그렇다면
어떻게 해야 벗어날 수 있을 것인가.

"무엇이 부처입니까?" 하고 묻자
"마음도 아니고 부처도 아니요, 물건도 아님이로다." 하였다면
과연 이 일을 밝힐 수 있을 것인가?
오히려 냄새나는 거름을 한 짐 더 짊어졌을 뿐이로다.
말을 하지 않을 수도 없고

또한 너무 많은 말을 할 수도 없음이로다.


인연 따라 한 꾸러미로 꿰찰 수만 있다면
어떤 말이나 모양에 관계하겠는가.
다만 이렇게 되기까지가 힘들 뿐이로다.
하나의 화살로 열 백을 쏘아 맞출 수만 있다면
무엇이 어렵겠느냐마는
그 하나조차 제대로 맞추질 못하고 있으니
실로 안타까울 뿐이로다.


이 일을 위해 별의별 일을 다 겪어 보았겠지만
아직까지도 이 일단의 일을 해결하지 못하였다면
결코 쉬어서는 될 일이 아니로다.
쉬지 않고 쏘고 또 쏘아서 과녁을 꿰뚫었다면
다시 무슨 말이 더 필요하리요.


이 일단의 일은 직접 체험해 보지 않고서
섣불리 말하기도 곤란한 일이니
부디 온 몸으로 부딪쳐
통째로 관문을 부숴 버릴 수만 있다면

뒷날 얼마나 많은 이들이
쉽게 드나들 수 있겠는가.

후일을 기약하려 하지 말고
이 일이 닥쳤을 때 힘쓰고 힘써서
관문을 철저히 부숴 버릴지어다.

직접 체험해 본 사람만이
관문을 부수기도 하고 만들기도 할 수 있나니
인연이 눈앞에 다가왔을 때
머뭇거리지 말고 부딪쳐 해결할지어다.

철두철미하게 만들어진 관문을
두려워하지 않고 싸워
용맹스러운 마음으로 무너뜨리니
신기루와 아지랑이 같음이로다.
허망한 모습 속의 진실 또한
어리석음의 또 다른 모습이니
무엇이 진실이고, 어리석음인가.

일찍이 부처는 나와 더불어
한 번도 속거나 속인 적이 없건만
스스로 속고 있을 뿐이로다.
부디 발밑을 살피고 살필지어다.

# 참으로 업이란 무서운 것이다

푸른 숲 속의 새소리, 마음의 평화를 가져다주고
질주하는 굉음은 평정심을 잃게 한다네.
그 속에 멈춰선 나그네는 싫고 좋고를 떠났는데
괜한 분별심으로 시비를 불러들이는구나.
새소리와 차소리의 묘한 분위기 속에 하루를 열고
잠시 소회를 밝혀본다.

어느덧 4월 중순, 세월의 흐름은 누구도 막을 수 없다지만
자고 나면 하루가 순식간에 흘러가 버리니
오늘은 무엇을 할 것인가.
공부방에 들어가 점검을 하고
기다리는 아침을 청해야 되겠지.

'세상만사 새옹지마[1]' 라고 한
옛 선인의 지혜까지야 빌어올 것은 없지만
덧없이 흘러가는 것은 분명한 사실이다.

무엇 때문에 이곳에 와 있는가.
'과연 최선을 다한 결과를 기대할 수 있는 것일까?' 하는
막연한 생각이 잠시 스쳐간다.


참으로 업[2]이란 무서운 것이다.
지은 대로 간다더니
하고 있는 것을 보면 영락없으니 어찌 딱하지 않으랴.
여기에서의 낮이 다른 곳에서 밤이듯이
낮과 밤은 교차되고
모든 것이 움직이고 변하는 가운데
변하지 않는 물건을 움켜쥐고 놓아 버리지 않으니
이 업 또한 크다 하지 않을 수 없도다.


삼명육통[3]을 갖추신 눈 밝은 선지식께서
어리석음에서 벗어나
밝고 시원한 곳으로 데려갈 수 있다면
두 말 없이 따라가련만
허망한 모습만을 지키고 있으면서
세월 가는 줄 모르고 정신없이 지내고 있으니
어찌 큰 일이 아니랴.

부평초 같은 인생이라곤 하지만
타고난 기구함이 오늘따라 더욱 가련하기만 하구나.
이것도 한 생각
돌이켜 눈을 밝힐 수만 있다면 무엇이 대수랴?
한바탕 웃으면 되는 것을. **"허 허(噓噓)"**

한바퀴 돌아보면 본시 그 자리인 것을
무엇 때문에 찾아 헤매이는가.
또 다른 무엇이 있는 듯하지만
공연한 시비만 일으키게 될 뿐
무엇하나 제대로 되는 법이 없으니
내버려 두어라 돌면 도는 대로.
알고 보면 세월이 약인 것을.
오늘도 LA에서 화두와 더불어 또 하루를 보내게 될 것이다.

　이 하나의 활구는
　어찌해 볼 수 없는 산 물건과 같아서
　그대로 놓아둘 수가 없을 것이다.
　동서남북을 가리지 않고 좌충우돌하게 될 것이니
　이러한 때일수록 더욱 마음을 굳게 가져

면밀하게 공부해 간다면
더욱 성성하게 화두가 잡들여질 것이니
일념이 만년되도록 정성껏
간절한 마음을 가져 살펴갈지어다.

알 수 없는 곳으로부터 솟구쳐 오르는
억겁의 인연을 돌이켜 보아서
문득 한 생각 쉬어 버릴 것 같으면
온갖 마구니를 항복 받을 것이로다.

1) 새옹지마(塞翁之馬) : 인생의 길흉화복은 항상 바뀌어 미리 헤아릴 수가 없다는 말.
2) 업(業) : 중생이 몸과 입과 뜻으로 짓는 선악의 소행을 말하며, Karma의 의역이다.
3) 삼명육통(三明六通) : 삼명(三明)이란 아라한과를 성취한 성자에게 갖추어진 불가사의한 능력으로써 천안명, 숙명명, 누진명을 말한다. 육통(六通)은 여섯 가지 신통력인 천안통, 천이통, 타심통, 숙명통, 신족통, 누진통을 가리킨다.

# 자기 주인공을 밝혀라

늘 조용한 것 같으면서도
치열하게 무엇인가를 추구하며 살아가고 있는 것이
오늘의 우리들이 아닌가.
알 수 없는 허물을 벗고
지고지선(至高至善)한 모습으로 거듭날 때
비로소 참 삶의 의미를 알 수 있게 될 것이다.

삶은 일정한 방향으로 흘러가는 것 같지만
바람과 같이 종잡을 수 없다.
이와 같은 삶을 언제나
유연하게 흐르는 물처럼
부드럽고 따뜻한 바람처럼
살 수 있게 하려면
과거를 반추하고 현재를 살펴
올바른 미래를 준비하지 않으면 안 된다.
과연 지금의 나는

부처님의 가르침처럼 잘 살아가고 있는가를
스스로에게 묻지 않으면 안 된다.


모양이 없는 '참 나'는 영원히 변하지도 죽지도 않겠지만
인연 따라 업의 모양을 나투고 있는 현재의 이 모습은
또 어떤 모습으로 거듭날 것인가를 깊이 인식하고
매사에 살얼음 걷듯 조심해서 살아가야 된다.
정해진 인연 따라 살아가고 있다면
지금 짓고 있는 업을 잘 지어야만
다음 받을 인연도 좋게 받을 것이 아니겠는가.
그러므로 알 수 없는 어지러움 속에서도
부처님이나 조사의 가르침을 쫓아
자기 주인공을 밝히지 않으면 안 된다.


그렇다면 스스로의 주인공은 어떻게 해야만 밝힐 수 있을 것인가?


휘몰아치는 어지러운 바람 속에서나
밝음도 없는 어둠 속에서
활로를 찾지 않으면 안 되니

인연이 자리하고 있는 동안 이 난관을 돌파해야만 된다.
알 수 없는 모양으로 겹겹이 둘러쳐진 그물이
사방에서 나를 빠져나갈 수 없도록
더욱 몰아 부치고 있으니
속히 이 속박에서 벗어나야만 되겠다.


지혜로운 이들은 이와 같은 말이 무엇인지를
스스로 보고 들어서 알겠지만
어리석은 이들은 보여주고 들려주어도 알지 못하니
더욱 멀어질 뿐이다.
이 안타까운 현실을 몰록 벗어나
진정한 본래 모습을 바로 볼 수 있도록 장치하였으니
어찌 만겁의 행운이 아니겠는가.
눈 내리는 저편 하늘에도 밝은 햇살이 함께 하리니
어찌 살피지 않을 수 있으리오.


화두를 따라 구르니 하루 종일 이 일을 떠나지 않았음이요
언제나 화두를 잡들여 일상을 보내고 있으니
일체의 사물이 화두를 떠나지 않았구나.

도의 일을 밝히려 하는 무리들이여!

눈앞에 드러난 이 일 밖에

또 다른 어떤 것이 있어 애를 쓰는 것인가?

분명히 보고 분명히 보아라.

일상의 화두 속에 오고 가고 있음이니

다른 모습이 없음이라.


그렇지만 이 모습에 속아서

자기도 모르게 또 다른 모습을 구하고 있음이니

실로 안타까울 뿐이로다.

머리는 둘이고 눈이 세 개인 붉은 까마귀가

어둠을 밝히려고 하나

스스로 역부족임을 모르는구나. **"돌(咄)"**


찾으려 하면 할수록 멀어질 것이니,

소용돌이를 만들지 말라.

생각이나 꿈에 속아 스스로를 저버리지 말아야 한다.

밝고 어두움에 물들지 않는

참으로 신령스러운 것이 늘 함께 하고 있음을

분명히 알아야만 한다.

이 어떤 모습인고?

- 한참을 침묵한 후 -

" 할(喝)"을 한 후, "할(喝)"

# 5. 화두의심만은 놓치지 말라

# 화두의심만은 놓치지 말라

휘황찬란한 꿈에 속아 자기도 모르게 끄달려 갔지만
한 생각 돌이키면 의심은 지속되는 법.

아무 재미도 없고, 어떻게 해야 되는지 모를 때가
공부를 잘 지어가고 있을 때이니
더욱 마음을 다잡아
고양이가 쥐를 잡을 때처럼
화두에 마음을 쓸지어다.

물이 한 번 끓어 뒤집어지고 나면 오히려 조용해지는 법이니
이 때를 당해 마음을 너무 조급하게 쓰지 말라.

그렇지만 물이 끓을 때까지는
풀무질을 멈추지 말아야 하는 법이니
힘이 들어 포기하고 싶을지라도
더욱 분심을 일으키고 용맹심을 발하여

끝까지 밀어부쳐 보아라.


오직 화두의심만을
온 몸으로 놓치지 말고 자세히 들여다보면
어느 순간 인연을 만날 것이니
무엇을 주저할 것인가.
허공에 박힌 말뚝을 뽑아 버리니
온 몸의 시원함이란 무엇으로 비할 바가 없음이로다.


  일 없이 오고가는 가운데 한가로움이여!
  밑없는 배를 타고 함이 없이 즐기는구나.

# 스스로 체험해 볼 일

허공에 한 획을 그으면서 색을 칠해 보라고 하니
모두 눈만 크게 뜨고서 못난 짓만 하는구나.
모습없는 모습의 모양이여!
언제나 드러나 분명하다고는 하지만 알 수 없으니
어떻게 해야 볼 수 있겠는가?

이 도리를 밝게 깨달은 분들께서
인연 있는 이들로 하여금
이것을 밝힐 수 있도록 길을 제시하였으니
속히 해결하려고 하지 않으면 안 된다.
그래서 부처도 아니고, 마음도 아니며,
물건도 아니다 하였으니
찾지 않고서 어찌 알 수 있으리오.

처음부터 벽이 막힌 것 같을 때
온 몸으로 내면을 향해 추구하다 보면

더 나아갈 수 없는 지경에 이르게 될 것이다.
바로 이러할 때라도 물러서지 말고
뚫고 나아가려고만 한다면
문득 앞뒤가 끊어지고 맑고 고요한 가운데
한 줄기 의심하는 것을 느낄 수 있을 것이다.

이곳에 이르러서도 닭이 알 품듯이 할 것 같으면
어느 순간 허공이 무너지고 벽이 허물어지리니
이 일을 누가 설명할 수 있을 것인가.
무거운 짐을 내려놓은 듯
온 몸의 가볍고 시원함이란
일찍이 경험해 본 일이 없었을 것이요.
다시 경험하려 해도
이와 같은 일을 경험할 수 있을까 싶을 정도의 상쾌함이니
스스로 체험해 볼 일이로다.

비로소 이 일단의 일을 밝게 사무쳤으니
눈 밝은 선지식의 지남[1]을 입어
애써 얻은 이 큰 일을
저버리는 일이 없도록 해야 할 것이로다.

천지에 밝게 빛나는 해와 같이
모든 어둠을 깨뜨려 밝힌 지혜의 힘이여!
천하의 안정과 즐거움을 가져다주노니
무엇이 이 일에 비할 수 있겠는가?
살피고 살펴야 될 일이로다.


1) 지남(指南) : 다른 사람을 이끌어 가르치거나 지도함.

# 나를 보려고 하는 자여!

부조화의 조화 속에
어색한 듯 서 있는 모습에서
또 다른 나를 본다.
갈등하는 동안 나의 자리마저 빼앗기고
내동댕이쳐지듯 혼자 남은 모습이여!

고독을 즐기는 나 역시도 잠시 혼란을 느꼈으니
고독해진 그대는 무엇을 생각하는가.
축 처지고 나른한 모습에서 죽음의 그림자를 본다.
과연 이 자리는 피해 갈 수 없는 것인가.
살아 숨쉰다는 것은 또 무엇인가.
긴 역사의 터널 속에서
그렇게 살아 온 인생은 결코 구제 받을 수 없는 것인가.

이상을 꿈꾸며
고독해지지 않기를 바라지만 늘 고독한 그대여!

간밤에 무슨 꿈을 꾸었는가?
푸르고 푸른 넓은 들판에서 한없는 평화를 맛보았다면
나를 도와줄 수 있겠는가?
돌고 도는 큰 수레바퀴 속에서
나를 찾고 찾았지만 아직도 헤매고 있으니
이 일이 결코 쉽지 않음이라.


나를 보는 눈동자 속에서
또 다른 나를 보았다면 누가 믿겠는가.
나는 가깝게 있지만 결코 보기가 쉽지 않다네.
나를 보려고 하는 자여!
내가 너를 멀리 한 것이 아니고
네가 스스로를 인정하지 않는구나.
너 또한 자신을 보지 못한 때문이니 누구를 탓하겠는가.
그렇다면 가고 오는 사이에 소소영영[1]한 이 물건은
또한 어떤 모습인고?


- 잠시 침묵한 후 -


거울에 비춰진 것도 내가 아니고

그것을 보는 것 또한 내가 아니라네.
나는 그 속에 또렷또렷하건만
스스로의 거울은 깨뜨리지 못하는구나.


1) 소소영영(昭昭靈靈) : '소소'는 밝은 모양, '영영'은 정신작용의 불가사의함을 나타
냄. 즉 심식(心識)이 미묘하여 명백한 양상을 형용하는 말.

# 어떤 것이 본래면목인가?

바닷물이 갈라지고 산이 뒤집혀짐이여!
알고 보면 이 일 역시 큰 일이 아님이로다.
진리의 이름 아래 기적이 행하여지나
기적은 진리를 이루는 것이 아니고
진리 속에서 일어났다 없어지는 현상에 불과할 뿐이로다.


어리석은 무리들이 말이나 현상에 속아
속는 줄조차 모르고 또 다른 이들을 눈멀게 할 뿐이니
어찌 안타깝다 하지 않으랴?
한 순간의 어리석은 마음씀이 영겁을 불편하게 하리니
지혜의 빛을 밝혀 속거나 속이지 말아야 할 것이로다.


아! 눈 밝은 본래면목을 매각[1]하였으니
한 생각을 돌이켜 억겁의 어둠을 타파해야만 한다.
옛 성인들께서 공연히 풍파를 일으킨 것도
모두 까닭이 있었던 것이니

이 인연을 궁구해서
스스로의 본래면목을 드러내어야 하겠도다.

시절인연을 살펴 아는 이가
이 일이 큰 일인 줄을 왜 모르겠느냐?
다만 깨닫지 못하고 있을 뿐이니
공부 길에 나아가
물러서지 말고 본래면목을 밝혀야만 할 것이다.

그렇다면 어떤 것이 스스로의 본래면목인고?

버들잎은 푸른데 단풍잎은 붉구나. **"할(喝)"**

---

1) 매각(昧却) : 모든 것을 완전히 감추었다는 뜻.

# 천지가 생겨나기 전부터

보아라!
신령스런 기운이 이곳을 뒤덮고 있으니
분명 다른 사람이 살고 있음을 알겠도다.
무엇을 일러 다른 사람이라 할 수 있을꼬?

천지가 생겨나기 전부터 이곳에 자리하였고
지금에 이르러서도 조금도 변하지 않았으니
가히 그 모양과 나이를 짐작할 수 있겠는가?
모양도 없고 소리 이전의 일이어서
더 이상 말로는 설명할 수 없음이로다.

직접 눈을 들어 온 몸으로 체험하지 않고서는
지금의 이 말도 믿지 못할 것이니 어찌할꼬.
숙세의 영골이 있는 자라면 혹 모르겠거니와
그렇지 않다면 깊은 믿음을 가져
한번 살펴보지 않고서 어찌 알 수 있으리오.

이 일은 아무 것도 아닌 것 같으면서도
큰 일 중의 큰 일이라, 속히 알지 않으면 안 되나니
하루 속히 이 일을 살피고 살필지니라.

– 잠시 침묵한 후 –


만고의 광명이 신령스럽게 빛나니
뭇 생령들이 더욱 빛을 발하는구나.
문득 꿈을 깨고 눈앞을 보니
보려고 하지 않아도 더욱 새롭게 보이네.
사해의 도 닦는 도반들이여!
이 일은 소반 위를 구르는 구슬 같음이로다.

# 결코 마음은 떠나서는 안 된다

깊은 밤 성문을 두드려 보지만 나오는 사람은 없고
담을 넘자니 너무 높아서 넘을 수 없도다.
나아갈 수도 없고 물러설 수도 없으니
칠흑 같은 밤을 어떻게 보낼 것인가.

온갖 상념 속에서 날이 밝기를 기다려 보지만
한번 어두워진 속에서 빠져 나오기란
생각보다 쉽지 않으니 더욱 더 낭패로다.

물러서자니 길을 잃겠고 나아가자니 길이 없음이로다.
어쩔 수 없이 온 몸으로 성문을 두드려 보지만
가슴만 답답하고 짜증스러운 것이
이 순간을 피하고 싶은 심정이지만 피할 수가 없으니
울며 겨자 먹기로 더욱 더 두드려
온 몸이 팽창해 터질 것 같음이로다.

이 때 악마라도 찾아와서 손을 내밀면
나도 모르게 손을 잡을 수밖에 없을 정도로
마음의 갈피를 잡지 못하겠지만
문 두드리는 일을 멈춰서는 안 된다.
산란한 마음이 일지 않도록
정신을 더욱 집중해서 나아가려고만 해야 한다.

설혹 힘이 빠져 혼침이 올 것 같으면
성문에 기대어 잠시 쉬더라도
결코 마음은 떠나서는 안 된다.
비몽사몽간에 시간은 흘러가고
흩어지려는 정신을 다잡아
나도 모르게 나아가려 하고 있음이로다.

이 때 문득 밝은 기운이 찾아오더라도
아직 성문이 열리지 않았음이니
끝까지 포기하지 말아야 한다.
마치 컴컴한 전쟁터에서 피아를 모르고
일진일퇴를 거듭하며 싸웠지만
아직도 승리의 깃발을 올리지 못하였으니

조급한 마음이 들지라도 참고 견뎌야만 한다.


이렇게 하다 보면 어느덧 어둠은 물러가고
닫혀있는 성문을 보게 될 것이다.
이 때 침착하게 성문이 열릴 때까지 지켜 볼 것 같으면
조만간 열리게 될 것이니
스스로 생각을 일으켜 분별하지 말라.
모든 어려움을 이겨낸 개선장군을
성문을 열어 맞이할 것이니
모든 마구니의 항복을 받고 편안하게 쉬고 또 쉬게 될 것이로다.


일진일퇴의 전쟁은 한바탕의 꿈이며
마구니의 항복 또한 한바탕의 꿈이로다.
꿈 가운데 꿈 아닌 모습이여!
꿈 속에 있으면서도 꿈꾼 적이 없음이로다.
어리석은 마음으로 인해 꿈을 꾸었으나
꿈을 깨고 나와 보니 이것 또한 꿈이로구나. "악(噁)"

# 한 우물을 파고 또 파면

이 일단의 일은
철저히 파헤치고 파헤쳐서
더 파헤칠 수 없는 지경에 이르러서도
더욱 맹렬하게 파헤쳐야
겨우 반 푼어치의 성과나마 이룰 수 있을 것이다.

맨 땅에 물이 나올 것이라는 신념 아래 파내려 가다가
물이 나오지 않는다고 옆으로 옮겨서 판다면
구덩이만 만들 뿐, 무슨 좋은 결과를 얻을 수 있겠는가.
한 우물을 파고 또 파서 물을 얻을 수 있다면
그보다 더한 다행이 있을 수 있겠는가.

목은 마른데
파내려 갈수록 원하는 물이 나오지 않는다면 크게 실망하겠지만
용기를 잃지 않는다면 무의식 중에라도 파게 될 것이다.
그렇게 원했던 물이 솟구친다면

어찌 아니 기쁘겠는가.


이와 같이 하나의 화두를 잡들여
원하는 답이 나올 때까지 관문을 깨트리려고 한다면
때에 이르러 부지불식간에 문이 열리고 통쾌해져
문득 짊어진 짐을 내려놓게 될 것이다.


온 몸이 가벼워지고 경계가 뚜렷이 밝아졌다 하더라도
눈 밝은 선지식의 점검을 받아서 더욱 정진할 것 같으면
오묘한 맛이 그 향기를 더할 것이다.
찾고 찾아도 찾아지지 않는다고 실망할 것이 아니라
자기 정성과 의지가 부족해서 그렇게 된 것이니
제대로 된 활구 화두를 의지해서 밀고 나아가야만 할 것이다.


더 나아갈 수 없는 자리에 이르게 되면
알 수 없는 기운이 극에 달한 듯이 치밀어 올라
억제할 수 없을 것이로다.
이러할 때라도 처음부터 해 오던 것을 저버리지 말고
나아가려고만 하다 보면
경계가 무너지고 진실이 드러날 것이니

어찌 통쾌하지 않으리오.

　뚫을 수 없었던 깊은 우물을 뚫고 나니
　비밀은 사라지고 진실이 드러났도다.
　앞뒤가 툭 틔어 온통 시원할 뿐이니
　무엇을 가져 다시 의심하리오.
　눈 밝은 이를 만나 비춰볼 것 같으면
　많은 생명들을 제도할 수 있을 것이로다.

# 부디 물러서지 말라

불현듯 솟구치는 의기를 참을 길 없어
한달음에 달려가 문을 두드려 보았지만
전혀 열릴 기미조차 없으니
물러설 수도 없고 나아갈 수도 없음이로다.
거듭되는 진퇴 속에 산란심만 더하니
이 울분을 어디에다 풀어야 되겠는가.

잠을 자려 해도 잠이 오지 않고
생각조차 뒤엉키니
어찌할 바를 모르고 마냥 허둥대는구나. **"돌(咄)"**

의기에 의기를 더해 의심해 보지만
기약조차 알 수 없으니
막막한 것이 그만두고 싶은 심정이로다.
바로 이러할 때라도 화두의심을 놓쳐서는 안 되니
의기를 더해 이를 악물고 결단코 물러서지 말지어다.

정신없이 앞으로만 나아가려고 하다 보면
어느덧 주변 상황이 눈에 들어오지 않게 되고
소리 또한 들리지 않게 될 것이로다.

맑고 또렷하고 고요한 가운데에서도
한 줄기 의심을 놓아지내지 않고 지어가다 보면
어느 순간 문득
무거운 짐을 내려놓게 될 것이니
그 가볍고 시원한 것을 어찌 말로 설명할 수 있으리오.

이 도리는 직접 부딪쳐 체득하지 않고서는
헤아려 알 수 있는 것이 아니니
부디 물러서지 말고 관문을 단번에 타파할지어다.

  참고 견디어 의기에 의기를 더하니
  힘줄이 불거지고 눈이 튀어나오려 하는구나.
  끝까지 버리고 버려
  더 버릴 수 없는 곳에 이르러 문득 놓아 버리니
  밝고 시원한 기운이 정수리를 꿰뚫어 버리도다. **"할(喝)"**

# 끝간 데 없이 작용하여

끊임없이 솟구치는 천리마의 힘처럼
끝간 데 없이 작용하여
눈앞의 관문을 돌파할지어다.
계속해서 방해하는 것이 작용할지라도
돌아보지 말고 앞으로만 뚫고 나아가라.
나아가고 나아가서
더 나갈 수 없는 곳에 이르러서도
앞으로 나아가려고만 하라.

수없이 똑같은 일을 반복할지라도
지겨워하거나 이 일을 의심하지 말고
뚫어내지 못할까만을 걱정하라.
용솟음치던 기운도 사라지고
앞으로 나아가려고 하던
용기마저 없어질 즈음에 이를지라도
결코 하던 일을 포기하지 말라.

더욱더 신심을 내어

닭이 알 품듯이 해 나가다 보면

저절로 맑고 고요한 가운데 나아가

화두의심이 성성하리니

다른 생각을 일으키지도 말고

생각이 일어나도 무시하고 지켜나가다 보면

어느 순간 문득 눈앞의 철벽이 무너지리니

어찌 부처님의 가피가 아니겠는가.


온 몸으로 정성들여 화두를 든다면

힘이 다 떨어져

더 이상 나아갈 수 없을 때에 이르러서도

문득 힘을 돋게 해 주는

알 수 없는 힘이 작용하게 될 것이로다.

이 때 더욱 용맹스럽고 간절한 마음으로

화두의심을 지켜볼 것 같으면

큰 산을 옮기고 바다를 가를 수 있을 정도의 힘이 나와

어찌해 볼 수 없었던 장벽이 한순간에 무너져

앞뒤가 툭 터질 것이로다.

비로소 일 마친 사람의 심정을 알게 될 것이니
무엇을 더 의심하고 걱정하리오.
먼저 일을 마친 눈 밝은 분의 점검을 받게 된다면
점점 더 새로워질 것이니
노력하지 않아도 저절로 살펴가게 될 것이로다.


한 생각의 인연이 만겁의 벽을 무너뜨리니
볼 수 없었던 모습들이 절로 드러나
항복을 고하며 머리를 숙이는구나.
태평성대를 다시 맞이하게 되니


천하가 좁다고 날뛰던 천리마도
이에 이르게 되면 쉬게 되리니
가는 대로 내맡기면 될 뿐
고삐를 당겨서 무엇하리요.


매일매일이 날라리 날라리로다.

# 그 속에 너의 모습이 있으니

허망한 모습에 속아 지내다 보니
어느덧 나이만 늘고
부질없는 그림자만 많이 만들었도다.
그림자 속의 그림자를 쫓다 보니
어느 것이 본체의 그림자인 줄조차 알 수 없게 되었으니
어느 때 고향에 돌아갈 수 있으리오.

모양도 없고 메아리도 없는
근본 마음의 고향을 저버리고 떠돈 지 얼마이던가.
누가 있어 나로 하여금 고향으로 데려갈 수 있겠는가.
돌이켜보면 우스운 일도 많이 하였고 억지도 부려 보았지만
모두 부질없는 일.
다행히 한 줄기 빛을 엿볼 수 있었으니
숙세의 인연이 아니겠는가.
오래도록 갈망하다
근본에 돌아갈 수 있는 길을 어렵게 찾게 되었으니

어찌 혼신의 힘을 쏟지 않을 수 있으랴.


스스로 만든 그림자가 온갖 방해를 하더라도
이 큰 난관을 극복하지 않으면 안 되니
결단코 물러서지 말라.
얼마나 버텼는지 정신과 몸이 가물가물할지라도
버티고 또 버텨
끝을 볼 때까지 기어이 놓치지 말라.


그러다 문득
온 몸과 마음이 가벼워짐을 느끼게 될 것이니
큰 인연이 가까워졌음이라.
더욱 미세한 곳까지 살피고 살펴
다시는 그림자를 만들거나 밟지 말지니라.
화두가 경계와 더불어 둘이 아닐 때
걸림이 없는 살림살이를 지어갈 수 있음이니
어느 곳에서 고향을 또다시 찾으리오.


그림자 속의 그림자여, 알고보면
진정한 나의 모습이 그 속에 있음이니

헛되이 엉뚱한 곳을 더듬지 말지어다.

오늘도 오월의 싱그러움이 나와 함께 하는구나. **"억(噫)"**

# 과연 그렇게 하고 있는가?

때 맞춰 내리는 단비가
대지를 촉촉이 적시고 만물을 살찌게 하듯이
참선하는 이는 인연이 맺어졌을 때
결단을 내리지 않으면 안 된다.
밀고 당기고 하다가 힘이 부쳐 쉬게 되면
미끄러져 내려가게 되나니
그렇게 해서야 언제 저 언덕을 넘을 수 있겠는가.

마지막 고비를 넘길 때 힘이 달려
더 이상 오를 수 없게 되었을 때라도
내면의 강한 힘을 발휘시켜 기어코 올라서야만 한다.
밋밋하게 고정시켜서는
더 이상 오를 수 없을 뿐만 아니라
오히려 뒤로 미끄러져 내려갈 것이니
배수의 진을 치고
눈이 터져 나오고, 이가 흔들리고, 온 몸이 떨리고 하더라도

돌아보지 말고 고지를 향해
젖 먹던 힘까지도 내야 할 것이니
과연 그렇게 하고 있는가?


　맹렬하게 타오르는 불꽃처럼
　치열하게 나아가려고만 할 것 같으면
　비를 맞고 싹을 틔우듯이
　순식간에 대지를 뚫고 나올 것이로다. **"적(聻)"**

# 맑고 고요해졌을 때

역경계[1]를 이겨내고 순경계[2]를 맞이했다 하더라도
집에 이르지 못하면
살지도 죽지도 못하는 중음신[3]에 불과할 뿐이니
여태껏 해오던 대로 분발하여
하루 속히 집에 이르러서
문을 박차고 들어가
어떤 경계에도 걸림이 없는
해탈의 즐거움을 누려야 될 것이다.


맑고 고요해졌을 때 환희심에 사로잡히지 말고
어떤 경계에도 겁먹거나 물러서지 않고
집에 이를 때까지 결코 화두를 놓치지 말아야 될 것이다.
공부가 안된 중음신은
맑고 고요한 경계를 당하면 머물러 집착하게 되나니
공부인이라면 마땅히
이 때를 당해 경계해야만 할 것이다.

끝없는 의지를 가져 밀어 올릴 것 같으면

언젠가는 올라갈 수 있을 것이니

떨어지는 것을 두려워하지 말라.

오르고 난 후에도

오를 때의 심정을 놓아 버리지 말고 집에 이를 때까지

화두의심을 붙잡아서 묵묵히 실천할지어다.


집에 이르게 되면 저절로 알게 될 것이니

미리 알려고 결코 서두르지 말라.

역순에 자재할 수 있는 힘을 가진 놈일지라도

한 생각을 놓아 지낼 수 없다면

마군의 유혹에 쉽게 넘어갈 것이니

무심함을 가져 살필지언정

생각을 일으켜서 분별하지 말지어다.


나무 마하반야바라밀


1) 역경계(逆境界) : 자기 마음에 거역하는 경계.
2) 순경계(順境界) : 자신의 마음에 대응하는 경계. 번뇌 · 미혹도 순경계에서 일어난다.
3) 중음신(中陰身) : 사람이 죽어서 다음 생을 받을 때까지의 중간 존재.

# 담담하게 휩쓸리지 말라

산을 넘고 물을 건너
고향 길을 재촉해 보지만
보이는 것은 아지랑이뿐
그저 망망하여 분간을 하지 못함이로다.
돌아갈 수도 없고 나아갈 수도 없는 지경에 이르렀으니
이 일을 어이할꼬.
내려누르는 압력은 더욱 거세어지고
힘은 점점 빠져 스스로 포기할 지경이로다.

짊어지고 온 화두의심을
놓아 버리자니 의리를 저버리겠고
짊어지고 나아가자니
한 발짝도 움직일 수 없을 정도로
온 몸의 힘이 다 빠졌구나.
억지로 기어서라도 나아갈 뿐이로다.

선지식의 가르침은 분명하건만

아무리 애를 써도 더욱더 오리무중이니 어렵고 어렵도다.

그런 가운데서도 처음 지닌 의심은

저버리지 않고 물고 늘어져야 되겠지만

지금 하고 있는 것이 잘하는 것인지 자꾸 의심이 솟구치니

자칫하면 허망한 길에 빠져 점점 멀어지겠구나.


다행스럽게도 있는 힘껏 의기를 더하니

치솟아 오르는 기운이 있어 갈 길을 재촉하는구나.

설사, 같은 길을 되풀이해서 오고 갈지라도

끝을 보기 전에는 결코 물러서선 안 될 것이로다.

힘이 들더라도 하던 풀무질을 멈추지 말아야 될 것이니

이렇게 쉬지 않고 하다 보면

어느 순간 문득 돌아갈 길을 엿보게 될 것이다.

이러할 때

한없이 편안한 마음에도 집착하지 말고

어지러운 마음에도 담담하게 하여

시비에 휩쓸리지 말지어다.


– 나무 마하반야바라밀 –

# 동중정, 정중동이 되어야

옛길을 더듬어 가보려 하지만
앞도 뒤도 컴컴하고 사방에 넝쿨이 우거져
도무지 어떻게 해보려 해도 해 볼 수가 없으니
진퇴양난입니다.

『법화경』을 보면 부처님께서 문수보살에게, "전륜성왕이 병사들 가운데 공이 있는 자를 보면 매우 기뻐하면서, '이 믿기 어려운 구슬은 오랫동안 상투 속에 숨겨두어 함부로 남에게 보여주지 않았던 것인데 이제 그대에게 주노라.'" 라고 말씀하셨는데 무엇이 상투 속의 구슬이겠습니까?

억만 겁을 더불어 하면서도 깊은 어둠에 잠겨
밝은 빛을 발하지 못하도록 하였으니
이 큰 죄를 언제 다 갚을 수 있겠습니까?

이렇듯 숨겨놓았던 구슬을

기어코 내 것으로 하지 않고서는 안심할 수 없음이니
부처님 가르침을 만났을 때
이 문제를 해결하지 않으면 안 됩니다.
마치 나무와 나무를 비벼서 불을 얻듯이
맹렬하게 해야 할 것입니다.

맑고 고요한 가운데 가만히 있기만 하면
저절로 이루어질 것이라고 생각해서는 안 됩니다.
공을 세우려면 누구보다도 앞장서서
깊이 추구해 보아야만 할 것입니다.

비유하자면
팽이를 돌릴 때
쳐서 움직이게 한 뒤 더욱더 쳐서
움직임이 없는 듯한 상태가
가장 크게 움직이고 있는 것과 같습니다.
이렇듯 동중정, 정중동¹⁾의 모습이 되었을 때
상투 속의 구슬에 가까이 다가갈 수 있는 것입니다.
진퇴양난일 때
백척간두²⁾에서 한 걸음 더 앞으로 나아가려는 심정으로

믿음을 가지고 나아간다면
문득 벗어났음을 알게 될 시절인연이 있을 것입니다.


이번 결제 중에도
어려움을 겪는 이웃들이 어찌 없겠습니까?
각자 자기 공부를 하면서도
어려움을 겪는 이웃의 아픈 못을 뽑아 줄 수 있도록 노력합시다.
한 걸음 더 나아가 큰 인연이 있다면
전륜성왕이 감춰 놓았던 상투 속의 구슬을
얻을 수 있어야 하겠습니다.


수많은 용들이 각기 구슬을 가지고 있다지만
빛을 잃고 있으니 어찌 안타깝지 않으랴!
그 구슬이 다시 빛나는 날
사해의 어지러운 물결들이 잠잠해질 것이로다.


1) 동중정(動中靜), 정중동(靜中動) : 움직임 속에서의 순간적인 정지나 정지된 속에서의 움직임을 지칭함.
2) 백척간두(百尺竿頭) : 백 자나 되는 장대 위에 올라섰다는 뜻으로 몹시 어렵고 위태로운 지경을 이르는 말.

# 생사 일을 끝낼지어다

솜씨 좋은 이가 그 모습을 나투어

넘어설 수 없는 벽을 만들고

퇴로까지 막아버렸으니 진퇴양난이로다.

이렇게 나아갈 수도, 물러설 수도 없을 때라도

온 몸과 마음으로 뚫고 나아가려고만 해야 할 것이니

이 때를 당해

숨이 막히고 머리가 터질 것 같더라도

결단코 이 일을 쉬지 말아야 할 것이다.


무엇 때문에

이 일단의 일에 매달린 것인지를 알 것 같으면

잠시도 쉬거나 물러섬이 없이

해결할 때까지 버티고 또 버텨내어야 될 것이로다.


신심 있는 이여!

더욱 가행정진[1]하여 생사 일을 끝낼지어다.

마치 달리는 말 위에 올라탄 것처럼

내려설 수 없음이니

채찍질을 가해 뒤를 돌아봐서는 안 될 것이로다.


두려움 없이 이겨낼 수 있는 용기와 담력 그리고

끝까지 밀어붙이려는 처음의 신심을 잃지 말고

독하게 마음 써서 끝장을 보지 않으면 안 된다.

다못 이렇게 지어가다 보면

담담한 가운데서도

의심이 끊어지지 않고 살펴짐을 느낄 것이로다.


역경계나 순경계를 당했을지라도

처음의 의심을 놓아버려서는 안 되니

부디 집중할지어다.

가고 오는 가운데에서도 이 일은 분명하고도 분명하니

또 다른 일이 있을 수 있겠는가?


- 한참을 침묵 후 -


**억겁의 닫혀진 문을 쳐부수어 버리니**

도리어 생사 일이 밀어닥치는구나. "할(喝)"

1) 가행정진(加行精進) : 어떤 일정한 기간 동안 평상시보다도 좌선정진(坐禪精進)의
시간을 늘리고, 수면도 매우 단축해 정진하는 것을 말함.

# 대승의 큰 근기들이시여!

솟구치는 인연 따라
끝간 데 없이 가 볼 수 있다면 어지간하다 하겠지만
쉬어서 가라앉힐려고 한다면
어리석음을 면할 수 없을 것이로다.
번뇌망상을 없애고 불성을 구하는 것이 아니라
그 속에서 늘 함께 하고 있는 불성을 봐야만 할 것이다.

무기혼침[1]을 없앤 그 밖에
불성이 자리하고 있는 것이 아니라
무기혼침과 더불어 함께 하고 있었음을 밝히지 않으면 안 된다.
어리석은 사람은 스스로 어리석은 줄도 모르고
번뇌망상이나 무기혼침이 큰 병통[2]이라고 말하나
보살에게는 오히려 이런 것들이 늘 함께 하는 도반들이니
따로 부처를 구하지 않음이로다.

큰 산이 갈라지고 다시 붙는다 해도

오히려 큰 일이 아니거늘
바다가 갈라졌다고 해서 호들갑을 떨 일이 무엇인가.
대승[3]의 큰 근기[4]들이시여!
이 일단의 일은 몽땅 눈앞에 드러나 또 다른 일이 없음이니
밖을 향해 구하지 말라고 하신
불보살의 말씀을 믿고 의지할 것 같으면
무슨 허무한 일이 벌어지겠는가.


어리석게 분별하는 이승인[5]을 위해
이런저런 방편[6]을 열어
번뇌 망상을 없애고
무기혼침에 떨어져서는 안 된다고 말씀하셨지만
알고 보면 부처님의 노파심이 이와 같았음이라.
일찍이 번뇌망상이 그대로 보리인 줄 알았다면
어찌 허망한 그림자에 속았으리오.


푸른 하늘에 이끼 끼고
깊은 물 속에서 큰 바람이 일어난다 해도
아직은 멀었거늘
스스로 만든 그림자에 미혹해서

또 다른 그림자에 휩쓸린다면
겁[7]이 다하도록 빠져 나올 길이 없도다.
다행히 무기혼침의 배를 타고
번뇌망상의 노를 저을 수 있게 되었으니
이 일보다 큰 일이 또 어디에 있으랴.


- 잠시 침묵한 후 -


문득 돌계집이 일어나 춤을 추니
장승이 소리 내어 크게 웃는구나.
집안의 풍류가 이와 같으니
인연 따라 태평가를 노래하도다." **"허 허(噓噓)"**


1) 무기혼침(無記昏沈) : 무기는 마취나 동면(冬眠), 가사(假死)상태 등에서 볼 수 있는 무의식에 가까운 흐리멍텅하면서 무선무악(無善無惡)한 상태이고, 혼침은 잠이다.
2) 병통 : 1. 성격이나 행동 따위에서 깊이 뿌리박힌 결점. 2. 탈의 원인.
3) 대승(大乘) : 기원전 1~2세기경, 북부 인도에서 일어난 진보적 불교 세력을 중심으로 시작된 불교 운동으로서 널리 인간 전체의 구제를 주장하는 적극적인 불법.
4) 근기(根機) : 사람이 가지고 있는 본성을 나무의 뿌리에 비유하고 그것의 작용을 기(機)라고 한 것으로, 수행을 하고 안 하는 것과 법을 배우고 익히는 것과 그렇지 않는것은 모두 이 근기(根機)에 달려 있다고 한다.
5) 이승인(二乘人) : 성문승과 연각승을 뜻하는 말로서, 소승인을 지칭하기도 한다.
6) 방편(方便) : 불교의 근본 뜻을 터득할 수 있게 고안된 교묘한 수단을 말한다.

7) 겁(劫) : '천지가 한 번 개벽한 때부터 다음번에 개벽할 때까지의 동안'이란 뜻으로 매우 길고 오랜 시간을 말한다.

# 뼈저린 차가움을 이겨낸 매화 향기

어지럽고 매서운 삭풍 속에
부드럽고 훈훈한 기운이 스며 있어
허망한 이 기운들을 물리치고 있음이니
시절인연 따라 그 모습을 드러낼 때가 되었음이라.
어려울 때일수록 끝까지 잘 참고 견뎌야 되리니
능히 이겨낼 수 있음이로다.

이 일을 해결하기 위해 몇 겁을 헤매었던고.
오늘에야 비로소 만날 수 있었음이니 주저하지 말라.
우리 부처님의 가르침은
어떤 어려움도 해결할 수 있는
큰 힘이 있으니
믿음을 가져 최선을 다하라.

마구니들이 그동안 어두움을 잘도 이용하였지만
그것을 물리칠 수 있는 밝은 인연이 지금 여기에 와 있도다.

모든 힘든 일이 한꺼번에 물러가고
새 희망의 모습이 다가왔으니 열심히 준비하자.
어려울 때일수록
그 속에 희망이 있음을 자각하고 열심히 정진하자.

어둠 속에 갇혀 있었던 본래 모습을 회복하여
정신적, 물질적 어려움을 극복할 때 거듭남을 알게 될 것이다.
이렇게 된다면 무슨 어려움이 있겠는가.
스스로 어리석어 참지 못하고 갈등하고 있음이니
놓아버려라.

눈앞에 자리하고 있는 스스로의 모습을 바로 보아라.
허상 속의 실상을 보게 되면
실상 속의 허상은 그림자일 뿐이니
생각에 사로잡혀 그림자를 만들고 그림자에 갇혀
헐떡거리는 어리석음에 속지 말아야 한다.
지금이 자기를 바로 볼 수 있는 기회이니
놓치지 말고 공부해서
부드러운 바람이 불어올 때
뼈저린 차가움을 이겨낸

매화 향기를 맡을 수 있어야 하겠도다.


나무 문수보살 마하살

# 6. 온 몸을 내던져 장벽을 깨트려라

# 온 몸을 내던져 장벽을 깨트려라

바람없는 가운데 홀연히 한 줄기 바람이 불어
한 덩어리 의심을 만들어 내니
알 수 없어라. 이 일단의 일이여!
온 몸으로 잡들여
나아가고자 하나 나아갈 수가 없고
그만 두려고 하나 내려놓을 수가 없구나.
이렇듯 안타까울 때
무엇을 어찌하여야 이 문제를 해결할 수 있겠는가.
오직 힘쓰고 힘써야 될 뿐이니
무슨 방법이 또 필요하겠는가.


여기에 이르러서는
누구도 이 일을 대신해 줄 수 없으니
스스로 해결해야만 할 뿐이로다.
굳게 닫힌 관문을
한 번의 신심으로 뚫어낼 수만 있다면

다시 무슨 말이 필요하리오.
그렇지 않다면 열 번, 백 번이라도 물러서지 말고
최선의 노력을 다하지 않으면 안 되나니
어떤 근기가 있어 이 일을 감당하겠는가.

불법을 믿고 굳은 신심을 가져
이 일단의 일을 해결하려고 인연 맺은 이상
더 이상 물러설 수 없다는 배수진을 치고
온 몸을 내던져 장벽을 깨트려라.
바로 이러할 때 알 수 없는 기운이 불현듯 일어나
넘을 수 없는 벽을 넘게 되리니
어찌 통쾌하지 않으리요.

도반들이여!
이 일단의 일을 알겠는가?

– 잠시 침묵한 후 –

봄이 오니 온갖 꽃이 피어나고
강남의 제비가 돌아옴이로다.

# 퍼붓는 빗속을 달려가듯

공부인이라면
온통 퍼붓는 빗속을 달려가듯
멈추지 말아야 된다.
앞뒤를 분간할 수 없는 어둠 속에서
끊임없이 쏟아지는 굵은 빗줄기를 뚫고
목적지에 빨리 가려 하는 심정을 경험해 보았는가.

뼛속 깊이 저려오는 아픔 속에서도
뜻을 이루려는 마음만은 꺾어서는 안 된다.
천신만고 끝에 눈 밝은 스승을 만난다면
뒤돌아보지 말고 앞으로만 나아가야 한다.

눈앞의 큰 일을 걸머진 사람이
이 일 말고 또 어디에 한눈 팔 수 있겠는가?
처절한 몸부림을 한바탕 겪은 후
시원함과 허전함을 동시에 맛보아야만

비로소 철이 들게 될 것이다.


이 때는 온 몸으로 비를 맞는다 해도 젖지 않을 것이니
묘하고 묘한 일이 어찌 한두 가지리요.
덥고 춥고에 관계하지 않고
죽지도 않는 것이 모양을 달리하면서 천지를 뒤덮고 있으니
가고 옴이 이와 같고 이와 같도다.



 밝음이 오면 더욱 밝아지고
 어둠이 오면 더욱 어두워지니
 밝고 어둠에 관계하지 않는 것.
 이 무엇인고?

## 이렇게 드러난 화두는

사방에서 지쳐 들어와 온 몸이 갑갑하고
더 이상 어찌 해 보려 해도 어떻게 해 볼 수가 없을 때
비로소 나아갈 수 없는 데까지 다다른 것이니
젖 먹던 힘까지 보태고 보태서
기어이 이 은산철벽을 무너뜨려야만 한다.
어느 순간 문득 옛길이 드러날 것이니
어찌 기쁘지 않으리오.

몸은 새의 깃털보다 가볍고
정신은 텅 비어서 끝간 데가 없는 것이
시원하고 상쾌함이로다.
여기서 한 걸음 더 나아가 몸도 마음도 잊고서
물결치는 대로 내버려 둘 것 같으면
시절인연 따라 영원히 화두를 놓치지 않게 될 것이로다.
이렇게 드러난 화두는
들려고 해서 들려지는 것이 아니라

저절로 들려지는 것이다.


알고 보면 화두는 들고 들지 않고에 관계없는 것인데
스스로 미혹하여 놓친 것처럼 착각하고 있었음을
분명히 사무쳐 깨닫게 될 때
영원히 물러서지 않게 될 것이로다.
그렇다면 어떤 것이 직접 체험한 것이라고 할 수 있을 것인가?
불전에 나아가 부처님을 만나면 스스로 볼 수 있을 것이니
비로소 감응[1]함이로다.


이 무슨 도리인고?


저렇게 가고 이렇게 왔지만
본전조차 건지지 못하였으니
괜히 헛수고만 일삼았음이니라.
수없는 모습들이 이렇듯 거울 속에 비춰졌건만
지금은 무엇을 비추고 있는가.


거울 속의 거울이여!
허망한 그림자에 속아 스스로 때문히지 말지어다.

진실한 모습은 거울 속에 만들어진 모습도 아니며
거울 또한 아니로다.
거울까지도 깨트렸을 때
보고 보지 않고에 관계없는 물건이
옛부터 자리하고 있었음이니 알겠는가?


- 잠시 침묵한 후 -


어제는 창밖에 밝은 달이 보이더니
오늘은 구름 사이로 숨어버렸구나.
어제와 오늘이 이렇듯 달리 보이는데
어느 곳을 더듬어 달을 찾을 것인가. **"아이고, 아이고."**


1) 감응(感應) : 1.마음에 느끼어 반응함. 2.신심(信心)이 부처나 신령에게 통함.

# 장하도다! 이 일에 뜻을 둔 공부인이여

바람은 사납게 불고 파도는 높이 넘실대는데
배는 한 걸음도 나아가지 않고 제자리만 맴돌고 있으니
답답한 마음을 어찌 하겠는가?
설상가상으로 눈앞은 컴컴한 모습만 가득하고
도무지 갈 길을 알지 못하니
다만 일념으로 의심하는 일에만 의지하여 나아가고 있으나
편치 못함이로다.

더욱 힘껏 노를 저어 저편으로 나아가고자 하나
바람과 파도가 이 일을 용납하지 않는구나.
마음이 급하나 갈 길은 보이지 않고
힘은 자꾸 빠지고 거꾸로 가는 듯 하여
공연한 시비만 일어나니 안타까움만을 더하는구나.

장하도다! 이 일에 뜻을 둔 공부인이여.
만신창이가 되어서라도 용기를 잃지 말고

뚫고 나와 밝음을 맞아야 하나니
결코 한걸음도 물러서지 않을 기백으로
눈앞의 장벽을 허물지어다.

문득 홀연히 장벽이 허물어져 눈앞이 밝아질 것 같으면
악몽 같았던 모든 일들이 거짓말같이 쓰러질 것이니
맑고 고요함이 가을하늘의 툭 터진 모습처럼 상쾌할 것이로다.
저절로 어깨춤이 일고 노래가 자연스럽게 나올 것이니
누가 있어 함께 흥을 돋우겠는가?
목인이 노래하고 석녀가 춤을 춘다고는 하나
바로 눈앞의 이 일만이야 하겠는가.
이 때 머리없는 석불이 미소 짓자
발없는 허수아비가 불 속에서 나오는구나.

이 일단의 일을 알겠는가.

- 한참을 침묵한 후 -

　　장중[1] 구슬의 영험함이 더욱 빛을 발하니
　　천하가 태평하여 배고픔을 모르는구나. **"할(喝)"**

1) 장중(掌中) : 손바닥 안. 무슨 일이 자기 뜻대로 되는 범위를 말한다.

# 부디 뜻을 굽히지 말고

밝게 빛나고 있는 저 속에도 어둠은 자리하고 있고
캄캄한 어둠 속에서도 밝음을 잉태하고 있음이니
누가 있어 밝고 어두움을 가려낼 수 있겠는가?
천지가 만들어지기 전에
설명할 수 없는 그 어떤 것이
자리하고 있었다고 말들 하지만
어떤 것인지를 직접 체험하여 확인한 것만이야 하겠는가.
그런데 어떻게 해야 확인할 수 있는지
그 방법조차 모르고 있으니
오히려 더 답답할 뿐이다.

궁금증만 낸다고 해결될 문제는 아니지만
그렇다고 궁금해 하지 않을 수도 없고
도무지 안개 속을 헤매는 것 같겠지만
몰람결에 중요한 것을 간과하고 있음이니
그것은 이미 알고 싶어하고 있다는 사실이다.

알든 모르든 상관없이 보냈든지
알려고 하다가 포기했든지 하는 문제는 멀리하더라도
모르니까 갑갑하고, 갑갑하니까 더욱 알고 싶어하는
이 문제를 통해 찾아가지 않으면 안 된다.


허공을 나는 새가
바늘구멍을 통과하는 것보다 어려울지라도
찾고 또 찾는다면 왜 찾지 못하겠는가.
어리석음의 대명사인 중국의 우공[1]이
산을 옮기는 데 있어 묵묵히 삽을 떠서 실천하였듯이
하려고 하기만 하면 왜 뜻을 이루지 못하겠는가.


남에게 미루지 말고
스스로 목마름을 해결하려는 자세를 견지[2]하고
그 뜻을 물리치지 않는다면
어느 순간 기연[3]이 눈앞에 나타나 함께 할 것이니
부디 뜻을 굽히지 말지어다.
물에 우유를 섞어도 거위왕이 우유만을 가려서 먹을 수 있듯이
밝고 어둠을 살필 수 있는 크나큰 안목을 열 때까지
견지할 수 있어야 하리라.

이미 인연이 성숙되었다면
어찌 스스로의 눈을 보지 못하겠는가?
더욱 힘써 마음의 장벽을 부수려고 한다면
몰람결에 벽이 허물어지는 것을 볼 수 있게 될 것이다.

마음에는 본래부터 벽이 없었나니,
없다는 생각이 도리어 벽을 만들었다네.
한 생각 돌이켜 철두철미 하다보면
어느 순간 나도 모르게 만든 벽을 허물게 될 것이니
통쾌하기가 말로는 다 설명할 수 없음이로다.

부디 인연이 있을 때 어둠 속을 향해 들어가
어둠과 밝음의 씨앗을 얻게 되면
찰나 사이에 온 천지가 밝아지리니
알고 보면 밝음과 어둠은
허망한 그림자에 불과할 뿐이로다.
그렇다면 무엇이 밝고 어두움의 실체인고?

구구는 팔십 일일 뿐이니
보태고 빼고 하는 것은 일임하노라.

1) 우공(愚公) : 춘추시대 『열자(列子)』의 고사에 나오는 인물로서, 90세 때 '내가 못하면 아들이, 아들이 안되면 손자가 옮긴다.' 는 맹세로 태형(太形)과 왕옥(王屋)의 두 산을 옮긴 인물.
2) 견지(堅持) : 주의, 주장이나 태도 따위를 굳게 지니거나 지킴.
3) 기연(機緣) : 부처의 교화를 받을 만한 인연.

# 필마단기로 천군만마 속에

묘한 흐름이 계속되고 적막에 쌓여

숨소리조차 낼 수 없을 정도의 긴장이 고조되었을 즈음

내면의 알 수 없는 기운이 솟구치고

통제할 수 없을 정도의 움직임이 꿈틀거릴 때

알 수 없는 두려움과

그것을 이겨내려는 또 다른 움직임이 부딪치게 되면

대부분은 해오던 대로 지속하기 어려울 것이다.

이러할 때 앞으로 나아가려는 생각만을 가져

옆도 뒤도 보지 말고 해 오던 대로

그냥 밀고 나아가려 한다면

비로소 한 덩어리를 이루게 될 것이니

무엇을 더 주저하리오.


필마단기<sup>1)</sup>로 천군만마<sup>2)</sup> 속에 쳐들어가

오로지 적의 고지를 점령하고자 하는 마음만을 가져 싸워내듯이

수많은 작은 상처들은 돌아보지도 말고

어떻게 싸웠는지 모를 정도로
최선을 다해 싸우고 또 싸워서
겹겹의 관문을 뚫어내어야만 할 것이다.

이렇듯 용맹스런 마음을 가져 한결같이 할 뿐
다른 마음은 생각지도 아니해야 되나니
혹 다른 마음이 일어나더라도 돌아보지 말고
초지일관하여야 할 것이다.

해도 해도 마음먹은 대로 되지 않을 때는
분한 마음을 내어
없던 힘도 일으켜 쏟아내어야만 할 것이니
더욱 분발하여 고지를 점령할지어다.

터질 것 같은 긴장 속에서도 더욱 바짝 잡아당겨
단 한 순간도 소홀히 하지 않을 것 같으면
어느덧 시절인연이 가까워질 것이니
높은 곳을 점령하고 천하를 제압하리라.
이렇게 살아남게 된다면 태평성대를 구가하리니
나날이 호시절이라 무엇을 근심 걱정하리오.

성군의 태평성대란 저절로 된 것이 아니라네.

온갖 산고를 겪어낸 산모의 아픔이

뒷날 더 큰 자식으로 키워내듯이

참고 견디어 온갖 어려움을 이겨냈으니

만고에 빛날 업적을 이루게 되었다네.

승리자의 기쁨 또한 그러하리니

분발하고 분발해서 최선을 다한다면

눈이 열리고 길이 보이게 될 것이로다.


나무 문수보살 마하살




1) 필마단기(匹馬單騎) : 혼자 한 필의 말을 탐. 또는 그렇게 하는 사람.
2) 천군만마(千軍萬馬) : 천 명의 군사와 만 마리의 군마라는 뜻으로 아주 많은 수의 군
사와 군마를 이루는 말.

# 돌아보지 말고 전진하라

천장만길의 깊은 골짜기 따라
줄기차게 오르내리지만
스스로를 보지 못하고
엉뚱한 곳을 더듬으며 즐거움을 찾는구나.

천지간의 그물에 갇힌 나그네여
어느 곳을 향해 뚫으려 하는고?
자욱한 안개 속에 길마저 끊겼으니
당해보지 않고 어찌 알 수 있겠는가.
조급한 마음에 이리 뛰고 저리 살피지만
갈증만 더하는구나.

용기 있는 이여!
돌아보지 말고 전진하라.
나아갈 수 없는 곳에 이르러서도 물러서지 말고
나아가려고만 하라.

바로 이러할 때
몰록 한 줄기 바람이 불어
눈앞을 시원하게 해 주니
신묘하고 신묘하구나.
천지의 그물을 벗어나니 그 가벼움이란
어찌 다 말로 설명할 수 있으리오.

높이 나는 새가 절벽의 끝에 앉아
헤매도는 어리석음을 조롱하나
눈 밝은 이의 손은 벗어나지 못한다네.
그렇다면 무엇이 눈 밝은 이의 모습이며 솜씨인가?

　관문을 굳게 닫고 문을 열지 않는다네.

알겠는가?
아이구! 멀어졌구나. "돌(咄)"

# 승리의 나팔이 울려 퍼질 때까지

날쌔고 용맹스런 사자의 모습처럼
드넓은 광야를 질주하여
언덕 위의 깃발을 꺾으려는 대장부의 기상이여!
승리의 나팔이 울려 퍼질 때까지
결코 두려워하거나 물러서지 말라.

수없는 고비를 넘고 넘어 쓰러질 지경에 이르렀다 해도
오로지 끝을 봐야만 하나니
버티고 버텨 길을 터야만 한다.
마군중이 물러서지 않고
계속해서 밀려 나올지라도 돌아보지 말라.

참고 참아 견뎌내다 보면
어느덧 아침의 여명이 움터 오듯 훤해지고
마군중은 저절로 물러나리니
이 때 비로소 힘을 덜게 될 것이다.

설사 그렇다 할지라도
잠시도 물러서지 말고 나아가려고 하다보면
문득 앞이 툭 터지고 거칠 것이 없게 될 것이니
무슨 어려움이 있겠는가?
푸른 산과 넓은 들을 마음껏 뛰어놀려면
수없는 훼방꾼을 두려워하지 않는
모습을 갖춰야 한다네.

묻노니
솜씨 좋은 선지식이여!
이와 같은 사람들을 어떤 수단으로 잡아 가두셨는지요?

인연 따라 망을 치고 기다리면
저절로 걸려드는 놈이 있으니
건져내기만 하면 될 뿐이로다.
이후의 일들은 각자에게 맡기노니
가장 가까운 곳을 살피고 살필지니라.

# 어찌 마군중을 항복받지 못하리오

승리의 나팔소리 울려 퍼지고
긴 밤의 어둠이 물러가 새벽의 여명이 밝아올 때
긴장 풀린 병사의 심정을 맛보았는가?
어둠 속에서 피아를 구별하지 못하고
살아남기 위해 최선의 몸부림을 계속한 끝에
허탈한 종말을 맞이하였다면
무엇이 가장 먼저 떠오르겠는가.

공부인은 이와 같은 심정으로 내면의 벽을 허물고
마군중을 항복받지 않으면 안 된다.
과연 나의 진정한 모습은 어떤 것일까?
선과 악이 교차되는 곳에서
갈 길을 몰라 헤매는 사람들처럼
우왕좌왕해서야 되겠는가.
이 허망한 모습을 움직이게 하는
근원적 생명의 참다운 모습을 발견할 수 있을 때까지

물러서지 말고 찾지 않으면 안 된다.


뼈를 깎는 아픔과 견딜 수 없는 고독감

그리고 참담함 속에서도

승리하지 않고서는 물러갈 수 없음이니

뒤돌아보지도 말고 한줄기로 뚫고 나아가야만 한다.

오랫동안 갇혀 있었던 사람이

아무리 빠져나오려 몸부림쳐도

더욱 옥죄어 오는 처절한 모습을 통해 맛본 것이 무엇인가?

이렇듯 괴롭고 괴로울지라도 참고 견뎌야만 한다.


인고의 긴 터널을 빠져나올 때 온갖 유혹들이 달라붙게 된다.

이러한 때에라도 귀 기울이거나 한눈팔지 말고

무작정 앞을 향해 달려 나가야만 한다.

참으로 이 일은 생각으로 미칠 수 없는 것임을 알아서

온 몸을 내던져 전력질주해야만 한다.


길고 긴 싸움 끝에 승리의 나팔 소리 울려 퍼지면

온 몸에서 새로운 힘이 용솟음칠 것이니

어찌 마군중을 항복받지 못하리오.

바로 이러할 때라도

살얼음 걷듯이 조심해서 살펴갈 수 있다면

무슨 또 다른 어려움이 있겠는가?

거듭거듭 길고 긴 어두운 터널을 빠져나온 것을 축복하노니

또다시 어둠 속에 매몰되는 어리석음을 범하지 말지어다.


나무 마하반야바라밀

# 생사를 초월하는 일

물든 바 없이 물들었고 바뀐 바 없이 뒤바뀌었도다.
모든 흐름이 멈춘 그 곳
어떤 모습인 줄 알겠는가?


큰 성인께서 새벽에 별을 보고 깨달았다고는 하나
실로 깨달은 적이 없음이니
이 무슨 도리인고?


  깊은 우물 속의 청개구리가 달빛을 머금으니
  달 속의 옥토끼가 새끼를 잉태하였도다.


천하의 힘센 장수들이 모여들어
각기 힘자랑을 하는데 우열을 가릴 수가 없으니
어떻게 해야 되겠는가?
짊어질 수 없는 큰 바위로
눌리어졌을 때라도 일어나고야 마는

힘 있는 장수일지라도
끝까지 물러서지 않는 자만을
소중히 여길 것이로다.

그렇다 하더라도 공부인은
능히 산을 옮길 수 있는 기운을 쓰나니
돌을 지고 일어난 열 명의 장수보다 더 강함이로다.

생사를 초월하는 일이 이와 같음이나
누가 있어 이 일을 감당할 수 있겠는가?
원력으로 거듭 태어난, 수승(殊勝)한 인연 있는 이여!
끝까지 물러서지 말고 이 일단의 일을 감당할지어다.


  허망한 꿈은 벗어버리고
  스스로의 모습을 저버리지 말라.
  넘고 넘어 끝까지 다 넘으니
  온통 시원하도다. 바람이여!


옴 소로소로 사바하

# 날뛰는 용을 잡아 길들이려면

깊고 깊은 연못 속의 용을 잠 깨우니
순식간에 어두워지고 뒤집어지는구나.
이 날뛰는 용을 잡아 길들이기 위해
날쌘 수단을 마련하지 않으면 안 되나니
과연 무엇이 그 날쌘 수단일까?

생각이 생각을 일으키는 것도 아니고
마음이 생각을 일으키는 것도 아니라면
이 일어나는 생각은 누가 일으키는고?
이 일단의 일을 한 번에 잡들여
앞뒤를 끊든지 바로 살펴 의심해서
그 끝을 보지 않고서는 결단코 놓지 말아야 한다.

마치 밤송이가 목에 걸린 것처럼
감옥에 갇혀 갑갑한 것처럼
의심하지 않으면 안 될 것이니

벽을 만나면 의심하고 의심해서
깨뜨릴 때까지 결코 물러나지 말지어다.


말 속에 뜻을 담아 말은 하지만
어떻게 모든 것을 다 드러낼 수 있으리오.
다만 영리한 놈이라면
이 속에서 충분히 힘을 발휘하여
날뛰는 용을 잡아 길들일 수 있을 것이니
혼신의 힘을 다해 정진해 볼지어다.
마치 쥐가 고양이 목에 방울을 달 수 있을까 하는
모습과도 같음이니
최선을 다해 날뛰는 용을
잡아 가두어야 될 것이로다.


일월이 빛을 잃고 암흑에 잠기니
천지는 혼돈에 빠졌도다.
용맹스런 자가 날뛰는 용을 잡으려고
최선을 다한 끝에 꼬리를 잡음이여,
칠통[1]이 타파되니 끓는 물에 연꽃 피고
지옥고가 사라짐이로다.

1) 칠통(漆桶) : 어두운 중생심을 가리키는 말. 본래 밝은 마음이 미혹, 착각, 전도하여 마치 어둑하기가 옻칠을 한 통과 같기 때문에 무명(無明)과 같은 말로 쓰인다.

# 정성스럽고 간절하게 하라

온 들판을 휘감았던 진격 나팔 소리와 함께 큰 전쟁을 치르고
다시 새벽의 고요가 찾아 왔을 때의 모습을 생각해 보라.
아수라가 되어 살아남기 위해
밤낮으로 온 몸으로 싸웠을 것이다.

피아를 구별하지 못하는 어둠을 지내고
눈앞의 현실을 보면 어떤 기분일까?
직접 당해 보지 않고서 어찌 알 수 있겠는가.
다시 또 진격 나팔 소리가 들린다면
그 느낌이 어떠하리라는 것은 짐작할 수 있겠는가.

그렇지만 일찍이 한 번도 이 마음을 떠나
또 다른 마음과 뒤섞인 바가 없었음이니 살피고 살필지어다.
끝까지 저 칠통을 타파하지 않고서는
마음 놓고 쉴 수가 없음이니
온갖 경계 속을 종횡무진 휘저어 마군중을 항복 받을지어다.

- 잠시 있다가 -

법의 깃발 높이 들고
사자후를 외치니
여우새끼가
그 자취를 감추는구나. ⛢

돌개바람 속을 빠져 나올 수 있는
힘을 지닌 자가 과연 얼마나 되겠는가?
그와 같은 힘을 지닌 자가 온 몸으로 어둠 속을 꿰뚫어
과연 몇이나 살아 나올 수 있을 것인가?

온 몸으로 정성스럽고 간절하게 하라.
이렇게 쉬지 않고 간단없이 밀어붙이다 보면
문득 눈앞이 한순간에 밝아지리니
이 어찌 부처님의 가피가 아니겠는가.

비록 이와 같지 않더라도
상근기가 눈 밝은 스승을 바로 만나

믿음을 굳게 가지고 가르침을 실천한다면
넘지 못할 언덕이 어디에 있겠는가.

끝까지 물러서지 말고 말없이 전진하다 보면
좋은 시절인연을 만날 것이니 살피고 살필지어다.

나무 마하반야바라밀

# 비는 내려 다른 곳에 떨어지지 않고

달리고 달리다 보면 언젠가는 멈추게 되겠지만
목적지에 도착할 때까지는 끝까지 달릴 수 있어야 한다.
수없이 한계에 도달하겠지만
이 문제를 해결하기 위해서는
이를 악물고 도전하지 않으면 안 된다.
눈이 오나 비가 오나 더우나 추우나를 가리지 말고
한결같이 마음을 써야 조금의 분[1]이라도 생겨날 것이다.

내가 나도 모르게 한 일을 돌이켜 보면
이 정도의 일은 나도 할 수 있다는 오기가 생겨날 것이니
물러서지 말고 뜻을 이룰 수 있어야 되겠다.

참으로
우리 부처님이나 조사들의 가르침이
세상에 출현하지 않았다면
어찌 이와 같은 공부를 할 수 있었겠는가.

마음 내기도 무척 어렵지만 설혹 마음을 냈다 해도
이 일단의 일을 해결하기란 거의 불가능할 것이다.


그렇지만 이 문제는 누구나
스스로 해결하지 않으면 안 되는 것이다.
그런데도 불구하고 어리석은 데 뜻을 두고
허망한 소리만 하고 있으니 이 일을 어이할꼬?
다행스럽게도 인연이 있어 이 일에 뜻을 두었으니
최선을 다해 뚫어 볼 수밖에, 무슨 도리가 있겠는가.


　비는 내려 다른 곳에 떨어지지 않고
　보는 눈을 벗어나지 않는구나.
　일어나는 일단의 생각들 또한
　이 마음을 떠나 일어나는 것이 아님이로다.


1) 분(忿) : 분심(忿心). 자기 마음에 맞지 않는 경계에 대해 분노하는 감정을 일으키는
것을 가리킨다.

# 일없는 사람의 일이란

몰리고 몰려서 더 이상 몰릴 수 없을 때에 이르러
비장의 한 수를 쓰지 않을 수 없음이로다.
그렇다면 눈앞의 보이지 않는 정신적인 장벽을
무너뜨릴 수밖에 무슨 도리가 있겠는가.
이 눈에 보이지 않는 장벽이 생각 밖의 탄력이 있어
더 이상 물러설 수 있는 여유로운 입장이 아님이니
혼신의 힘을 다해 밀고 나아가야만 하리라.

다만 이렇게만 할 것 같으면
철옹성[1] 같은 벽이 때에 당해 무너질 것이니
흐름에 맡겨 한없이 바람을 타고 노닐면
어디에 걸림이 있을 것인가?
바람을 일으키기도 하고 몰록 없애기도 하니
일없는 사람의 일이란 이와 같구나.

바람과 구름과 함께 하는 즐거움을

공부해 보지 않고서 어찌 알 수 있겠는가?
일 마치게 되면
그 속에서 나를 잊고 지내니
무엇을 더 관계하리오.
이렇듯 가고 옴에 걸림이 없으니
몸조차 잊었고
흐르는 세월 또한 잊고 지내니
경계 또한 걸림이 없음이로다.


가고 옴이여!
구름을 부르며 세월을 잊었노라.  ○



1) 철옹성(鐵甕城) : 무쇠로 만든 독처럼 튼튼히 쌓은 산성이라는 뜻으로, 매우 튼튼히
둘러싼 것 또는 그러한 상태를 비유하여 이르는 말.

# 최후의 승자

온몸의 고통을 덜고
그 시원함이 가슴 깊은 곳에서 우러나올 때
누가 이 통쾌한 맛을 알 수 있으리오?
직접 체험해 보지 않고서는 알 수 없음이니
부디 뒤로 미루지 말고
눈앞의 일을 속히 해결할 것 같으면
또 다시 어둠 속을 헤맬 일이야 있겠습니까.

도반들이시여!
끝까지 이를 악물고 결코 물러서지 말아야 됩니다.
이 한 번의 고비만 넘길 것 같으면
꽁꽁 묶여진 영겁의 쇠사슬이
순식간에 떨어져 나갈 것이니
빛나는 영광은 누구의 것도 아닌 바로 나 자신의 것입니다.

이 일단의 일은 누구와 싸워서 이기는 것이 아니라

스스로와의 전쟁에서 이겨내야만
최후의 승자라 할 수 있습니다.


이 한 번의 기회야말로
나를 찾을 수 있다는 불퇴전의 기백으로
무아지경의 시간을 보냈을 때
참으로 경이롭고 상서[1]로운 기운이 한없이 우러나올 것이니
인연 있는 이들이여!
함께 동참하여 불국토를 이룩합시다.


근심 걱정을 없앨 수 있는 약을 함께 먹고
번뇌 망상의 미망을 벗겨 버릴 때
어리석은 중생들은 저절로 해탈의 즐거움을 누릴 것이니
이처럼 빠른 효과가 있는 약이 또 어디에 있을까요.


도반들이여! 정진합시다.
이와 같은 큰 인연을 맺었을 때 더욱 용맹정진하여
실로 한 중생도 제도할 바가 없을 때까지
지극정성 불사에 매진합시다.

나무 마하반야바라밀

1) 상서(祥瑞) : 좋은 일이 출현할 때 그 예고(豫告), 혹은 찬탄으로서 나타나는 불가사의
의 상(相).

# 수없이 되풀이 하면서도

새벽의 어둠을 가르며
위로 올라가려고 하는 뱃사공이여!
그 노력이 헛되지 않겠구려.
수없이 되풀이하면서도 싫은 내색 한번 하지 않고
기어코 뜻을 이루고야 말겠다는 남다른 신념이
선신(善神)들의 마음을 움직이게 할 것입니다.

밝음이 오지 않을 것 같은 어둠도
때가 되면 어느 순간 밝아지듯이
우리의 마음 또한 밝아질 것이니
결코 물러서거나 포기해선 안 됩니다.

자연의 법칙은
정해진 시간과 공간을 순환할 수도 있겠지만
이 마음이라 하는 것은
고정된 법칙에 의해 움직이는 것이 아니라

순간순간 물 흐름이 같은 것 같으면서도 다른 듯함이
변덕스러운 바람과도 같습니다.
움직이는 가운데
움직이지 않는 본래면목을 밝히게 되면
모든 흐름을 알고 따라 움직이면서도
털끝만큼도 끄달리지 않게 될 것입니다.


이와 같이 지혜의 등불이 한번 밝아지면
어떤 흐름도 알고 대처하게 될 것이니
다시 무슨 어려움이 있겠습니까.
다만 무지몽매[1]하여
죄를 지으면서도 짓는지조차 모르고 있으니
어떤 말을 해야 알아 들을 수 있을까요.


- 잠시 침묵한 후 -


어둠을 뚫고 나온 해의 밝음처럼
천균[2]의 화살로 무명을 쏘아 맞추니
어둠과 밝음이 조금도 다름이 없고
단지 인연의 흐름이 모습을 달리 했을 뿐이로다.

1) 무지몽매(無知蒙昧) : 아는 것이 없고 사리에 어두움.
2) 천균(天均) : 하늘의 저울추라는 뜻으로 자연법칙에 의거한 균형과 공평무사함을 의
미한다.

# 7. 알고 보면 늘 그 자리

# 알고 보면 늘 그 자리

온 누리를 돌고 돌아 눈앞을 보니
어리석은 마음으로 헤매었음을 알겠도다.
알고 보면 늘 그 자리인 것을
무엇 때문에 어지럽게 찾아 헤매었을꼬?

손에 쥐고서 엉뚱한 곳을 찾았으니
더욱 찾기 어려웠음이라.

알고 보면 찾고 말고 할 것이 없었는데
공연히 몽중일여[1]니 숙면일여[2]니 하는 소리에 이끌려
찾고 구하다 보니 또 다른 무엇이 있는 줄 알고
허망하게 속아 살았구나. "돌(咄)"

눈앞의 화두를 보니 성성하고 역력하도다.
일체처 일체시에 분명한 것이 활발발하니
어디에 다른 모습이 있을 수 있으리요.

그렇기는 하나 손에 들고 있는 것을
확인하지 않으면 안 되니
이것이 또한 쉽고도 어려움이라.


온 몸으로 자기도 모르는 사이에
몽중일여 숙면일여를 겪어 지금에 이르렀으니
또 다른 모습이 있을 수 있겠는가?
항시 현성공안3)과 더불어 향상의 일로를 걸으니
가볍고 시원한 것이 비할 바가 없구나.


늘 쓰고 있는 일 밖에
또 다른 일이 없음을 알아
놓고 놓을지어다.


도반들이시여!
날마다 좋은 인연을 지어 가소서.


1) 몽중일여(夢中一如) : 꿈 속에서도 진여(眞如)의 이치가 평등하고 차별이 없는 상태.
2) 숙면일여(熟眠一如) : 잠 속에서도 진여(眞如)의 이치가 평등하고 차별이 없는 상태.
3) 현성공안(現成公安) : 현상계의 있는 그대로의 모습을 구도의 과제로 하는 것을 말함.

# 희유한 일단의 일

갑자기 산하대지가 무너지고
큰 파도가 문득 고요해지니 작은 일이 아니로다.
바로 이러할 때
흰 물결을 일으키며 다가오는 이가 있음이니
관음대사가 이 아닌가?

정신이 아득하고 몸의 힘이 다했을 때
알 수 없는 기운에 이끌려
나도 모르는 곳에 당도하였으니
희유한 일이로다.

몸의 기운이 새털처럼 가볍고 시원하며
마음은 끝간 데 없이 텅 비어서 구름 한 점 없으니
아! 이 일을 뉘라서 알랴.

구멍없는 피리를 불고

줄없는 거문고를 탈 수 있다면야
함께 할 수 있다 하겠지만
어찌 이 일이 쉽겠는가.


경계를 대하여도 일을 만들지 않고 담담하니
바보가 된 듯 멍청한 것이
거울에 아무 것도 비춤이 없는 것과 같구나.
때에 당해 산이 오면 산을 비추고
물이 오면 물을 비춤이로다.
돌고 도는 가운데 분명한 이 일단의 일이여
귀신도 알 수 없음이로다.


그렇지만 눈 밝은 노고추[1]의 뛰어난 솜씨가 없었다면
과연 혼자서 이 일을 감당할 수 있었겠는가!
한 마디 던지는 의문에 이끌려 천군만마 속을 헤집고 다니며
앞뒤를 가리지 않고 날뛰는 것이
적토마[2] 위의 용맹한 장수와 같음이로다.
뜻은 더욱 뚜렷하고 길 또한 분명하게 드러났으니
나아가지 못할 이유가 어디에 있겠는가.

흐르는 시간과 세월에 맡겨두고

인연 따라 일없이 지내게 되니

다시 무슨 일이 있을 수 있을 것인가.

모든 것이 저절로 이루어지니 극락정토가 따로 없음이로다.


누런 낙엽을 가져 황금이라고 착각하던 한때의 어리석음이

낙엽은 낙엽일 뿐이고 황금은 황금일 뿐임을 알았으니

어찌 또 다시 수고로움이 있을 수 있겠는가.


다만 밥 먹고 물 마시는 일을

게을리 하지 않으면 될 뿐이로다.


옴 소로 소로 사바하


1) 노고추(老古錐) : 오래 사용한 송곳을 의미하는 말로 날카로움을 원만하게 하여 노련한 것을 뜻한다. 선종에 있어서 훌륭한 스승에 대한 경칭, 또는 나이가 들어서 역량(力量)이 뛰어난 사람을 지칭한다.
2) 적토마(赤兎馬) : 중국 삼국시대의 관우가 탔었다는 준마의 이름으로, 매우 빠른 말을 이르는 말.

# 의단이 독로하게 되면

의심하고 의심해서
더 의심할 수 없는 곳에 이르게 되면
마치 팽이가 돌고 돌아서
더 돌 수 없는 곳에 이르게 된 것처럼
저절로 동중정의 입장이 될 것이로다.


이렇듯 의단[1]이 독로[2]하게 되면
의심을 더 하려고도 하지 말고
그저 끝간 데 없이 지켜보기만 해야 한다.
화두의심은 도망가지 않고
더욱 성성하게 들리어지고 있음을 보게 될 것이다.
이와 같을 때
계속해서 닭이 알을 품듯이 한다면
시절인연이 가까워 질 것이로다.


어느 순간

문득 허물이 벗겨지고 실체가 드러난다면
무엇을 더 근심하리요.
곤하면 잠자고
배고프면 밥 먹으면 되는 것을.


이곳에서도 자유자재하려고 한다면
힘 더는 공부를 더 해야 하리라.
꿈이 없을 때라도
주인공을 알 수 있어야 됨이로다.
깨어 있을 때나 꿈이 있을 때는
또한 그렇다 하더라도
'꿈도 없을 때 너의 주인공은 어느 곳에 있는고?' 한다면
무어라 말하겠는가?
이 때의 일은 시절인연 따라 흘러가면서
결코 서둘러서는 안 되고
어디에도 머물거나 물들어서도 안 된다.


평지풍파 일으키는 일쯤이야 다반사로 하겠지만
꿈마저 없을 때에도 주인공을 찾을 수 있겠는가?
어느 순간 문득 그물을 벗어나 가벼워지게 되면

허공을 나는 용을 쉽게 볼 수 있으리라.


1) 의단(疑端) : 의심을 하게 되는 실마리.
2) 독로(獨露) : 숨김없이 노출함. 있는 그대로를 드러내는 것.

# 헛된 그림자여

의심의 칼을 물고 풀 속에 뛰어든지 얼마만이던가?
갑자기 달려드는 마구니 형상을 보고
놀라 일어나니
부질없어라 헛된 그림자여.
왜 진작
망념이 정념의 원인이 됨을 몰랐던가.
한 생각 놓아버리니 이렇게 편안한 것을.

푸른 숲 속 새들의 맑은 노래 소리가
오늘따라 유난히 가까운 것이
더욱 정겹고 활기차도다.
이렇게 좋은 시절을 멀리하고
헛것에 속아 지낸지 몇 해이던가.

억겁의 그물에서 벗어나니
눈앞의 경계가 새롭구나.

동서남북 상중하여!

낱낱의 모습을 벗어나지 않았도다. "훔(吽)"

# 뜻밖의 일

풀 길없는 숙제를 부여잡고 싸움하길 몇날 며칠
온 몸에서 용트림이 나오고
갑갑하고 짜증나서 그만두고 싶은 심정이
오락가락하기를 얼마나 했을까 싶을 때
문득 체증을 한꺼번에 내려놓음이라.

뜻밖의 일에 어리둥절했지만
오히려 담담해지고
새로운 알 수 없는 기운들이 솟구치니
누구에게 이 일을 알릴 수 있겠는가.

그렇다면 이 일은 과연
눈앞의 숙제를 푼 것인가?
아니면 더욱 더 어리석은 곳에 떨어진 것인가?

- 잠시 침묵한 후 -

앞산을 보니 어느덧 녹음이 짙어졌고
오늘도 낙동강은 바다로 흘러가는구나. **"억(噫)"**

# 흐르되 흐르지 않는 모습

앞을 분간할 수 없는 혼돈 속에서
활로를 찾아 치닫고 있으니
온 몸이 만신창이라.
그래도 뚫어내지 않고서는 보전하기 어려움이니
어찌 젖 먹던 힘을 내지 않으리요.
자기도 모르게 치솟던 힘을 따라 무의식중에 움직이다 보니
한순간 사방이 고요하고 눈앞이 밝아졌도다.
이 어떤 소식인고?

시절인연 따라 지내보지 않고서
그 좋은 맛을 어찌 알 수 있으리요.
이것을 떠난 또 다른 모습이 없음을 알았으니
스스로 놓아 지냄이라.
흐름 따라 움직이니 가볍기가 새의 깃털 같구나.

가면 가는 대로, 오면 오는 대로

밝으면 밝은 대로, 어두우면 어두운 대로
무엇이 부족한가.
풍요로운 들판의 일 없는 소와 같네.

흐르되 흐르지 않는 모습 속에
몰람결에 그림자를 드리운다.
언제부터 오고 갔음을 왜 모르고 있는가.
청산해야 할 묵은 빚이 있다는 것을……

흐름 따라 모양을 바꾸지만
그 속의 바보 멍텅구리는 변할 줄을 모른다네.
다들 그림자에 속아 살아도
마음이라고 이름 붙여진 것은
더 이상 흐르지도 속지도 않는다네.

무엇이 마음인가?

  푸른 하늘의 바람 따라 흐르는 구름이라네. "억(噫)"

# 우리 모두에게 희망이 있구나

질주하는 차량들 속에서
망중한(忙中閑)을 즐겨 본다고는 하지만
철없는 도반들이 공부하려고 하는 데야
반납할 수밖에 더 있겠는가.
온 몸으로 함께 한 시간들이 길어지고
하나 둘 모양을 바꾸게 되면
짊어진 짐들을 하나씩 벗어 던지게 될 것이니
어찌 즐거운 일이 아니랴.

밝게 빛나는 눈과 기쁨에 넘치는 얼굴을 보게 되면
그 속에 함께 하는 나 또한
지난 밤의 어려움을 잊고 앞일을 격려해 주고 싶다.
그 어려운 난관을 돌파하는 것이
얼마나 힘든 일인지를 어찌 모르겠는가?

그렇지만 눈앞의 벽을 허물지 않고서는

지혜로운 성찰 또한 할 수 없음을 잘 알고 있으니
격발시키지 않을 수 없음이라.


그리고 끈기 있게 참고 견뎌 뚫어낸 모습을 보면서
우리 모두에게 희망이
전혀 없는 것이 아니었구나 하는 생각을 해 본다.


모든 것이 그림자와 같다 하더라도
몸 안에서 직접 체험한 이 일을 만나게 되면
마치 어린아이의 순수한 마음으로 돌아간 것처럼
두려움도 없고 감사와 기쁨으로
충만된 기운을 느끼게 될 것이다.
부처님과 조사님들의 크나크신 원력이
이와 같은 결과를 가져다 주었으니
무엇으로 그 은혜를 다 보답할 수 있으리오?
그저 미래제(未來際)가 다하도록
열심히 정진하고 정진하여
그 크신 믿음에 보답하고자 한다.


영겁의 어둠을 뚫고 나와

밝은 이웃들과 자리를 함께 하며
오랫동안 잊었던 옛일을 생각한다.

만법이 하나로 돌아가는데
하나는 어디로 돌아가는고?
문득 허공을 밟고 하늘을 날도다. ✪

# 오히려 눈먼 당나귀가

깊은 안개 속을 뚫고 나온
강철심장을 지닌 이여!
지난 밤 어떠하였는가?
온 몸으로 맞닥뜨린
처절한 싸움에서 살아남았으니
장하고 장하도다.


**이겨낼 수 없는 아픔을 이겨 냈고**
견딜 수 없는 고통을 버텨 내었으니
누가 있어 다시 이 일을 되풀이 할 수 있겠는가?
또한 끝없이 솟구치는 희열을 멀리하고
침착 냉정하게 중심을 잡고 이겨 내었으니
큰 상을 받을 만하도다.


밝은 햇살이 온 몸을 비추고
넘실대는 푸른 파도는 대지를 삼킬 듯하지만

오늘의 이 일에 비할 수 있겠는가?
끝없이 넓은 허공에 이름을 새기고
깊은 바다 속에 모양을 감췄으니
인간 세상의 일이 아니로다.

온갖 기화요초[1]는 피어있고
이름 모를 새들은 노래하는데
오늘의 주인공은 갈 길 몰라 헤매고 있구나
아서라, 어디를 더 헤매야 된단 말인가
바로 이 곳이 나의 신명을 놓아 버릴 곳이니
또 다시 엉뚱한 곳을 더듬지 말아야 할 것이로다.

깊은 바다 속의 눈 붉은 거북이는
두 눈 가지고도 볼 수 없지만
오히려 눈 먼 당나귀가
이 일을 보았다고 부르짖음이로다. **"억(噫)"**

---

1) 기화요초(琪花瑤草) : 곱고 아름다운 꽃과 풀.

# 흐름에 맡겨 장단을 맞추니

내면의 천둥같은 소리에
문득 놀라 깨어나니
눈앞은 안개가 걷힌 듯
밝고 맑은 기운이 가득하고
온 몸은 날아갈듯 가뿐한 것이
마치 큰 보약을 먹고 죽다가 살아난 기분이라.

막힘이 없이 쭉 뻗은 것이 시원시원하고
툭 터져 걸림이 없는 것이
긴 세월 그렇게 헤메다 대자유를 얻었음이라.

이것이 꿈이 아닌가 하고
여러 번 되짚어 보았지만
분명분명한 것이 분명히 꿈은 아니로구나.

만겹의 허물을

인연 따라 스스로 벗어버리니
저절로 날개가 돋아나 높이 날아오르는 현상이
잠시 나를 들뜨게 하지만
그것도 역시 그럴 뿐이로다.

공안[1]으로 의심되어진 벽을 깨트리니
둘 아닌 화두가 더욱 뚜렷하도다.
이로부터 스스로 정진을 즐기고
매일매일 용맹정진을 일삼으니
낱낱의 허물이 나를 어쩌지 못하는구나.

온 몸으로 비춰진 모습 따라
하려 하지 않아도 스스로 우러나오는 것이
또 다른 모습을 짓지 않으니
무엇을 더 바라겠는가?

- 잠시 침묵한 후 -

흐름에 맡겨 장단을 맞추니
낱낱의 부처가 모든 모습 속에서

한량없는 미소를 짓는구나.  ◎

1) 공안(公安) : 조사(祖師)의 말 · 어구 · 문답 등을 가리키는 말로. 선(禪)의 과제이며
인연화두(因緣話頭)라고도 함.

# 봉황의 날갯짓에

붉은 한 덩어리 밝은 빛이
깊고 넓은 바다 위로 떠오른다.
한 모금 머금으니 황금빛을 토해내며
천 거북 만 자라를 노래하는구나.
천 만 가지 뛰어난 경관이라 할지라도
이 한 번의 장관에 비할 수 있을 손가?
이것 또한 깨달음에 비한다면
우습다 하지 않을 수 없음이로다.

비파를 켜며 태평가를 노래하니
집안에 밝은 웃음꽃이
끊이지 않고 피어나는구나.
돌이켜 보면
가지도 못할 길을 갔고
올 수도 없는 길을 천신만고 끝에 찾아왔도다.

끝없는 방황 속에 한 줄기 빛을 머금으니
통쾌하고 시원함이 정수리를 꿰뚫었고
온 누리에 퍼져나가
셀 수도 없는 인연들을 구제하였음이니
봉황의 날갯짓에
어둠이 산산이 부서졌도다.


붉은 수레바퀴가 허공에 걸려
온 누리를 비추니 그 짝을 찾을 수 없고
무명을 밝힌 지혜 광명
바다 밑까지도 밝히고 남음이 있도다.


안팎의 밝은 빛은 누가 비춰냈을꼬?


– 잠시 침묵한 후 –


 육육은 삼십육이 옳다고 해도
 바로 눈앞에서 엎어져 깨진 사기그릇이로다. **"할(喝)"**

# 새가 허공을 날 듯

천둥번개가 치고 큰 파도가 일어 산하대지가 뒤집어져도
온 몸으로 버티고 또 버텨 내었으니
장하도다, 도류[1]들이여!
백절불굴의 정신력으로 모든 어려움을 이겨 낸
당당한 개선장군이 어떤 모습인지를 알겠는가?
여기에 이르러 다시 무슨 어려움이 있겠는가.
흐름에 맡겨 두면 저절로 좋아질 것을…….

그렇지만 인연 지어진 업은 피할 수가 없음이니
받아들이지 않으면 안 된다.
항시 인연 따라 놓아 지낼 것 같으면
걸림이 없을 것이니
하되 한 바 없는 마음을 쓸지어다.
오랜 인연의 흐름 따라
생각이 일어나고 행동할지라도
담담하게 새가 허공을 날 듯 해야 할 것이로다.

물결과 파도가 일어나도 다만 그럴 뿐이니
어렵고 어렵지 않고를 시비할 필요가 있겠는가.


오랜 가뭄 끝에 단비를 만났으니
온 대지의 생령들이 즐거워하는구나.
부처님의 바른 법령이 비로소 시행되니
보살과 마구니가 함께 춤추고 노래하도다.


1) 도류(道流) : 도를 지향하여 구하는 사람.

# 하늘을 나는 이 기분

허공을 밟고 하늘을 나는 이 기분을
누가 알 수 있으리오?
직접 체험해 볼 수 있다면 바로 느낄 수 있으리라.
모든 것이 이 바탕 위에 분명하리니
다시 어느 곳에서 찾을 것인가?
생사의 도리는 가고 오는 가운데 몽땅 드러났음이니
헛되이 수고로움을 범해서는 안 될 것이다.

이른 봄날 대지 위에 풀들이
파릇파릇하게 솟아나는 모습 속에
하나의 이치가 분명하듯
시절인연 따라 생사일여의 도리를 알게 될 것이다.

흐르는 물은 선후를 다투지 않는다고 했듯이
흘러가면 될 뿐 무슨 생각을 더 보탤 것인가.
생각을 일으키고 일으키지 않고에 관계없이

본래 생사와 관계없는 참모습을 알았다 하더라도
삼십방을 면할 수 없음이니 무엇 때문일까?


화려한 문체가 오히려 눈을 어지럽힐지라도
그 속의 일을 분명히 알 것 같으면 무슨 상관이 있으리오.
허공이 변해 모양을 나투나 아무도 아는 이가 없으니
누가 있어 이 일을 알 수 있으리오.


'바람이 움직이는 것도 아니고 깃발이 움직이는 것도 아니다.
다만 스스로의 마음이 움직인 것.' 이라고 한
육조스님[1]의 뜻을 밝힐 것 같으면 동참을 허락하리라.


  허공 속의 만고광명 누가 있어 보겠는가.
  보되 보는 바 없이 보고 있으나
  그 보는 놈을 알지 못하고 있으니
  허공 꽃이 도리어 눈앞을 어지럽히는구나 . **"앗"**


---

1) 육조(六祖) : 선종의 혜능(慧能)대사를 말함. 초대 달마(達摩)로부터 6대째의 조사이
므로 육조라 한다.

# 훨훨 마음껏 날아 보십시오

높은 둥지 위의 어린 새가 처음 허공을 날 때
어떤 기분을 느낄까요?
훨훨 자유롭게 날아 어디든지 갈 수 있다면
얼마나 기쁘고 행복할까요.
그런데 내가 이 일을 직접 체험한다면 과연 어떤 느낌일까요?

어디든지 갈 수 있는 역량이 생겼다면
무엇을 먼저 하시렵니까?
불보살님 같이 중생을 제도하시겠습니까?
조사님네처럼 깨달음으로 이끄시겠습니까?
아니면 세속의 누구처럼 그렇게 사시렵니까?

아니, 모두 다 내려놓고 무심하십시오.
그리고 훨훨 마음껏 날아 보십시오.
결코 주저하거나 타협하지 말고
스스로 힘껏 원 없이 날아 보십시오.

그 기분을 모두에게 체험하게 해줄 수 있다면 얼마나 좋을까요.


우리 모두 다 함께
저 언덕을 쉽게 넘어갈 수 있도록 날아 봅시다.
이 세상 어디라도 날아가서 인연을 심을 수 있어야 합니다.
그 때를 위하여 행복을 아껴 두십시오.
모든 이들이 훨훨 날 수 있도록
오래 참고 견디며 기다리십시오.
그리고 그들과 함께 기쁨과 행복을 나누시기 바랍니다.


나무 보현보살 마하살

# 나날이 좋은 날

새벽의 동트는 산마루 위에 빛나는 봉황의 모습이여,
순식간에 수없는 모습으로 변하는구나.
황홀한 순간들이 지나가고
일상의 모습으로 되돌아와
한동안 웅크리고 있었으나
시절인연은 그 모양과 때를 가리지 않도다.

사자 머리에 용의 발톱
천마의 날개를 달고 쏜살같이 달리면서
흰 코끼리의 위엄을 지니고 사자후[1]를 토해내니
사방의 건방지고 버릇없는 무리들이 놀라
어쩔 줄을 몰라 쩔쩔매는구나.

한 바탕의 소란 끝에
어둠속을 비춰보고
옥석을 가려내니

이 일단의 일이 더욱 분명하도다.


1, 2, 3, 4, 5, 6, 7이여!

모양이 있고 없고에 관계없이

두루하지 않음이 없음이로다.


1) 사자후(獅子吼) : 부처의 위엄 있는 설법을, 사자의 울부짖음에 모든 짐승이 두려워하여 굴복하는 것에 비유하여 이르는 말.

# 무엇을 더 구하겠는가

모든 것이 오고 가는 그 속에 역력 분명할 것이니
무엇을 더 구하겠는가.
맑고 고요한 가운데 뚜렷한 것이
또 다른 삼매[1]를 구하지 않는구나.
알고 보면 늘 쓰고 있는 이 일단의 일들이
삼매를 여의지 않았음이니
백 천 삼매의 신통묘용[2]이
이 일을 떠나 있는 것이 아님이로다.


큰 신통과 삼매여!
팔소매를 걷어올리고 낯을 씻음이로다.
또한 비가 내리니 대지는 촉촉이 젖는구나.
이 일은 본래부터 비밀한 일이 아니었는데
부질없이 찾고 구하다 보니
비밀 아닌 비밀이 되었음이로다.
눈앞의 일을 가져 매일매일 수용하니

천하는 태평하고
마군중을 항복 받는구나.


동참하는 선지식들이여!
문수는 청사자를 탔고 보현은 흰 코끼리를 탔다는데
청산백운을 벗하는 도인들은 무엇을 탔겠는가?


- 잠시 침묵한 후 -


도류들이 이르는 곳마다
연꽃이 피어나 더욱 큰 빛을 발하고
행하는 일마다 뜻대로 이루어지니
연 향기가 온 누리에 가득하다네.


나무 원통[3] 회상 불보살 마하살


1) 삼매(三昧) : 마음이 조용히 통일되어 안락하게 되어 있는 상태. 선정(禪定)과 동의어
로서 고요한 마음의 상태를 뜻한다.
2) 신통묘용(神通妙用) : 불가사의한 작용을 말함.
3) 원통(圓通) : '절대의 진리는 모든 것에 보편적으로 걸쳐져 있다.' 라는 뜻으로 불 보
살의 깨달음의 경지를 말한다.

# 끝없는 즐거움

끝없이 돌파하고 돌파하여
마침내 높은 고지에 깃발을 꽂으니
마군중이 발 아래 굴복하여 항복을 맹세함이라.
이 때부터 온 천하가 태평성대를 맞이하도다.


온 대지가 고요할 즈음
승리의 북소리가 다시 한 번 울려 퍼지니
무엇을 더 바라겠는가.


개선장군의 명령에 발맞추어
모든 일에 조화를 이루니
태평가가 끊이지 않고
밤낮없이 환하게 빛나도다.


오고 감에 걸림이 없으니 무엇을 더 걱정하랴?
무심삼매 속에서 하되 하는 바 없이 지내노라니

끝없는 즐거움이 무엇인 줄을 알겠도다.


도반들이시여!
이와 같은 법희선열락[1]을 항상 맛있게 드시고
어려운 이웃들과도 함께 합시다.
많은 이들이 이 좋은 음식을 옆에 두고서도
알지 못해 먹지 못하고 있으니
어찌 안타깝지 않겠습니까?
손을 이끌어 먹게 하고 더 나아가
영원히 물러나지 않게 합시다.


함께 나누는 기쁨이 무엇인 줄 아시겠습니까?
알게 되면 일체가 평등하여
영원히 이 자리에서 물러나지 않게 될 것이니
열반의 참된 즐거움이 이와 같고 이와 같습니다.


1) 법희선열락(法喜禪悅樂) : 불법이나 선정을 성취한 기쁨.

# 삼세가 본래 이러하거늘

푸른 하늘을 머리에 이고
누런 대지를 밟고 섰으니
이만한 살림살이가 과연 어디에 있겠는가!
가고 오고에 걸림이 없이 종횡 무진하여
훤칠하기가 옛 조사를 뛰어 넘었도다.
흐르고 흐르지 않고에 관계하지 않으니
어찌 생사에 출몰하리요.
다만 인연 따라 오고감이 이와 같으니
여기에 무슨 허물이 있겠는가.

수없는 그림자 속을 오고 갔지만
한 번도 물든 바 없고
어둠과 밝음에 관계하지 않고
일찍이 그 모습을 드러냈으나
누구도 엿볼 수 없음이로다.
무심히 한 생각 일으키는 가운데

스스로 허물을 드러냈으나

아무도 이를 보지 못하고 지나쳐 버리니

도리어 금강역사가 피를 토하고

천리 밖으로 달아나는구나.

삼두육비를 가진 희한한 놈이

그때그때 눈앞을 어지럽히지만

상대할 가치조차 없는 놈이로다.


밝은 대낮에 석녀가 춤을 추고

목인이 노래하는 것은 그렇다 치고

달도 없는 깊은 밤에 울려 퍼지는

**줄없는 거문고 가락은**

누구를 위해 연주하는 소리인가.


마음과 마음으로

이 소리를 주고받는다고는 하나

과연 무엇을 마음이라고 하는가?


긴긴 동짓달 밤에

오지 않는 님을 기다려 본다지만

천차만별의 그림자만 만들 뿐
무슨 효과가 있으리오.
밝은 거울에 비춰 드러난 님의 얼굴을
한 번만 볼 수 있다면 소원이 없으련만
일렁거리기만 할 뿐
도무지 만날 기약이 없구나.

그러다 문득
드러난 님의 모습을 보는 순간
거울이 왕창 깨져
다시는 볼 기약이 없어졌으니
장차 이 일을 어이 할꼬?
한 번 본 님의 얼굴일지라도
벙어리 냉가슴 앓듯 혼자만 알 뿐
누구에게도 보여줄 수가 없으니 안타깝도다.
그렇기는 하나 결코 보지 않은 적 또한 없음이니
설상가상이로다.

저 넓은 은하수를 한 소쿠리에 담아 부어놓아도
다만 이 속의 인연일 뿐 별다른 일이 없음이라.

삼세가 본래 이러하거늘

누가 있어 깨진 거울 속을 들여다 볼 것인가.


– 한참을 침묵 후 –


바다 저편이 붉게 물드니

곧 밝은 해가 솟아오르도다.  ●

# 시비하는 그 생각이

끝간 데를 모르게 펼쳐진 하늘일지라도
나와 더불어 하는 인연에 불과할 뿐
무슨 다른 일이야 있겠는가.
별별 생각을 일으켜 분별함으로써
나도 모르게 멀어졌음이니
공연히 시비하지 말지어다.

그렇기는 하나
시비하는 그 생각이 바로 스스로의 모습이니
시비를 없애고 찾으려 하지 말아야 할 것이로다.
시비 속에서
시비하면서도 시비하는 놈을
바로 살펴 볼 것 같으면
이 모든 것이 그림자와 같을 것이니
어찌 끄달려 가겠는가.

번뇌망상이 보리열반과 둘이 아니라는
성현들의 말씀처럼
알고 시비하면 보살의 지견[1]이겠지만
이 도리를 모르고 시비한다면
중생의 업만 더할 뿐이로다.


예로부터 알고 모르고에 관계하지 않는 물건이
늘 함께 있어왔거늘
스스로를 등지고 시비득실에 끄달려 다녔으니
어리석고 어리석도다.


　온갖 것이 시비득실[2]에 휘말려 있어
　정작 봐야 할 것을 등지고 있구나.
　시비 속에서 시비하지 않는 놈을 볼 것 같으면
　금강왕보검[3]이 더욱 찬란한 빛을 발할 것이로다. "옴(唵)"


1) 지견(智見) : 지혜와 식견(識見).
2) 시비득실(是非得失) : 이익과 손해를 따지는 것을 말함.
3) 금강왕보검(金剛王寶劍) : 금강으로 만든 보검이라는 뜻. 부처님의 지혜가 일체의 번뇌를 끊는 것에 비유함.

# 8. 흐름에 맡겨 살다 보면

# 흐름에 맡겨 살다보면

몇 번인지 셀 수도 없는 광풍이 지나가고
고요하고 적막한 기운이 자리를 지키는 어느 순간
문득 눈앞이 밝아지고
말로는 다 표현할 수 없는 시원함이
온 몸을 가볍게 하였도다.

대자대비하신 부처님이시여!
본래부터 원만구족한 모습을 보면서도
알 수 없는 기운에 사로잡혀 허망하게 헤매었으나
이로부터 바로 살펴 갈 수 있는 계기가 생겼습니다.
애써 삶과 죽음을 말하나
그림자에 불과하다는 것을 배워서 알고는 있었지만
이렇듯 분명하게 보게 될 줄이야
어찌 알 수 있었겠습니까.

이제부터

원망하는 마음, 시기 질투하는 어리석은 삶은
스스로 멀리하게 될 것 같습니다.
흐름에 맡겨 살다보면
절로절로 꼭지가 떨어지게 되겠지요.
무거운 짐 내려놓은 인연을 어찌 저버리겠습니까?


　보는 바 없이 보고 계신 부처님
　하는 바 없이 하고 살겠습니다.


나무 마하반야바라밀

# 더는 속지 말지어다

큰 폭풍을 뚫고 이겨 낸 승리자여!

지금 무엇을 근심하는가?

그것이 또 다른 어리석음을 부르는 마구니가 되어

나의 목을 조르게 됨을 왜 모르는가?

항구에 정박한 배는 때가 되면 바다로 나가게 될 것이다.

그 때 길을 잃지 않을 만반의 준비와 정신력을 갖추지 않는다면

또 다른 큰 파도를 만났을 때

그 고통을 이겨내기란 쉽지 않을 것이다.


그렇지만 이겨낸 자의 승리감이

자만심을 불러서도 안 되고

또 다른 일을 만들어 근심해서도 안 된다.

항시 담담하게 일을 처리하고

주어진 상황에 최선을 다하는 정신으로 임할 때

위기는 멀어질 것이다.

모든 것은 스스로 불러들이는 것이니

자만심에 빠져 큰 일을 저버리지 말지어다.


푸른 하늘 저 멀리 뭉게구름 일어나고
두 겹의 무지개는 마음을 즐겁게 하는구나.
시원한 파도는 하얗게 부서지고
짙푸른 물색은 한가로움을 더하네.
오고 가는 배들도 더없이 여유롭고
그 속의 나 또한 세상 일을 잊었노라.
만사가 이와 같이 형통된다면 무엇을 더 부러워하랴?
뜻한 대로 되지 않는 것이 사바세계의 일이지만
나는 오늘도 뜻 가는 대로 움직인다네.


인연 있는 도반들이시여!
궁금해 해야 할 무엇이 있는가?
오고 가는 그 속에 몽땅 들어 있나니
더는 속지 말지어다.


오늘도 깊은 우물 속을 들여다보니
황금빛 자라가 목을 빼고 튀어나오는구나. **"악(噁)"**

# 모습없는 참다운 모습

바보 천치와 같이
하루 종일 멍하니 일 없이 앉아 있으니
누가 있어 이 일을 감히 시비할 수 있으리오.
때 되면 밥 먹고 목마르면 물 마시고
또 때 되면 잠자면 되는 것을.
그렇지만 눈앞의 일만은 분명하여
결코 이 자리를 벗어나지 않았음이로다.
철철이 옷을 갈아입을 줄 알고
스스로 농사지어 모든 일을 해결하니
천하가 태평하고 만사형통이로다.


때에 당해 못 이기는 척, 대중에게 나아가 남을 위해 봉사하고
시시비비에 연연하지 않으니, 과연 이로구나!
설사 그렇다 하더라도 뼈아픈 몽둥이를 사양하지 않아야
비로소 법을 쓴다 할 수 있을 것이니
귀신도 엿볼 수 없도록

더욱더 마음써야 될 것이로다.


바람 부는 대로 물결 이는 대로 내버려두고
철두철미하게 놓아 지낼 것 같으면
무슨 어려움이 있겠는가.
돌고 도는 가운데 돌지 않는 물건이여
알고 보니, 큰 것보다 크고 작은 것보다 작구나.
모습없는 모습의 참다운 모습이여.
석녀가 애를 낳고 목인(木人)이 불을 때는구나.
이 무슨 도리인고?


– 잠시 침묵한 후 –


동에서 흐르는 한강물이
바다로 흐르지 않고
산으로 흐른다면
그 때 가서 말해주리라. **"억(憶)"**

# 눈앞의 어려움은 어려움이 아니라

천지를 휘감는 기운이 한 차례 지나가니
문득 눈앞이 시원해지고
온 몸의 기틀이 새로워지는구나.

도반들이시여!
근본의 실상은
믿고 안 믿고를 떠나 늘 나와 함께 하였으나
그것을 깨닫지 못하고 문자에만 얽매여 왔으니
아!
오늘에야 이 도리를 실감하겠도다.

혼탁한 시류 속에
몸을 던지고 살아왔던 것이 몇 생이었던고?
마침내 불조의 가르침을 만나
이 고통의 고리를 끊을 수 있게 되었으니
참으로 우리 부처님의 불법 문중은

무한한 자비 광명으로 꽉 찼음을 알겠도다.


어찌 이것을 나 혼자만 즐기겠는가.
고통받는 수많은 인연들을 돌이켜 보면
나의 갈 길은 더욱 분명해졌도다.


이 세상의 모든 어려움에 좌절하지 말라.
불굴의 정신으로
근본자리를 비춰 내었듯이
한 걸음 더 나아가지 않으면 안 된다.
수많은 난관을 극복하고
쉬운 길에 들어섰음을 알겠는가.


눈앞의 어려움은 어려움이 아니라
보이지 않는 어려움이 더욱 어려웠음이라.
이것을 교훈 삼아 나아갈 때
모든 마구니를 조복[1] 받게 될 것이니
결코 서두르지 말라.


옛 선지식 말씀처럼 참고 견디고 기다려야만 된다.

육조스님께서도 수없는 난관을 극복하고 돌파하여 큰 뜻을 이루었으니

이 큰 인연으로 몰록 자성을 요달할 수 있다는 것을 널리 알려
많은 어리석은 이들을 구제하는 데 앞장서야 한다.

그런 의미에서
『육조단경』의 가르침을 다시 한 번 숙지하고 믿어서
고통받는 많은 이들을 구제하는 약으로 삼아
아끼지 말고 뜻을 전하시길 바란다.

나무 마하반야바라밀

---

1) 조복(調伏) : 1. 몸과 마음을 고르게 하여 온갖 악행을 제어함. 2. 부처의 힘으로 원수나 악마 따위를 굴복시킴.

# 드러난 가운데 드러남

드러난 가운데 드러남이여!

분명하고도 분명하도다.

문득 이 일을 당하고 보니

바람소리, 새소리, 눈앞의 모습 하나 하나가

더욱 새롭고 밝게 빛나니 신통하고도 신기하도다.

오늘의 이 일을 누구에게 말해야 알아들을 수 있을까.

아! 전해준 바 없이 전하였고 받은 바 없이 받았으니

눈앞에 드러난 이 일이야말로 큰 일 중에 큰 일이로다.

천만다행으로 우리 법왕께서 세상에 출현하시어

이 문제를 깨닫고 후세에 전하셨으니

어찌 소홀히 할 수 있겠는가.


여러 도반들이시여.

지혜를 밝혔으면 선정 또한 알 수 있을 것이니

지혜와 선정을 하되 한 바 없이 닦을것 같으면

보리도(菩提道)가 더욱 증장될 것이니

살피고 살피십시오.
밝힐 지혜도 없고 닦을 선정도 없다면 모르겠거니와
그렇지 않다면 이 일에 더욱 힘써야 되리니
거문고 줄 고르듯이 하십시오.

알고 보면 하루 종일
망상을 피웠지만 핀 바가 없었음을 알지 않으면 안 되니
보리 열반이 번뇌 망상과 더불어 다름이 없는 것입니다.

밝음 속에 어둠이 있고
어둠 속에 밝음이 있도다.
밝음과 어둠이 함께 사라지면 텅 비고 고요해져
다시 닦음과 증득함을 용납하지 않음이니 스스로 살필지어다.

　서늘한 바람이 불어오니
　가을이 이미 왔음이로다. "옴(唵)"

# 마음 밝혀 성품을 보라

경계를 밝히고 난 뒤에도
스스로 놓아 지내지 못하고 어리석은 데 끌려 다니거나
쓸데없는 망상을 일삼는다면 안다고 한 들 무엇 하겠는가?
허망한 모습에 속아 지내다가 밝은 세계의 모습을 보았으면
어리석은 모습으로 되돌아가지 않아야 하나니
또 다시 속는 것은 무엇 때문인가?


망상이 보리와 둘이 아님을 밝혔지만
치성[1]하게 일어나는 번뇌 망상을 어떻게 제어하겠는가?
그러므로 망상을 쉬지 않으면 안 되나니
생각이 일어나면 일어나는 대로 내버려두어
쫓아가지도 말고 없애려 해서도 안 된다.
이렇듯 세월을 지내면 저절로 푹 익게 될 것이니
억지로 익히려 해서는 안 될 것이다.


성품을 밝히지 않고 이치만 살핀다면

어리석은 데 빠져 벗어나지 못하게 될 것이다.

마음을 밝혀 성품을 보게 되면 저절로 쉬게 될 것이니

이 도리는 망망대해에서 눈먼 거북이가

잠시 숨쉴 수 있는 구멍을 찾은 것과 같도다.


꿈 속의 꿈뿐만 아니라

지금 꾸고 있는 눈앞의 꿈과

또한 꿈이 없을 때라도

마음먹은 대로 다룰 수 있는 힘은

과연 어느 곳에서 나오는 것일까?


- 잠시 침묵한 후 -


끝없는 파도가 밀려와 벗어날 수 없었으나

문득 타고 있는 배를 뒤집어 버리니

파도와 내가 둘이 아님이로다 . "악(噁)"


1) 치성(熾盛) : 불길같이 왕성하게 일어남.

# 이 한 번의 모습이

음속을 돌파하는 굉음이 천지를 뒤흔들듯
내면의 어둠을 타파하는 모습이여!
장관(壯觀)이로다.
소리없는 소리인
큰 소리를 들을 수 있을 즈음
잠시 귀가 먹고 눈이 멀도다.

드디어 빛을 보게 되면
이 한 번의 모습이 영겁의 어둠을 몰아내리니
어찌 환희심이 나지 않으랴?
내면의 세포 하나하나가 다 열리고
힘찬 에너지가 분출하니
마군중이 놀라 일어나 공경심을 표하도다.
이로부터 번뇌 망상이 한 가족이고 이웃이니
어찌 멀리하리오.

흐름에 따라 맡겨 두니 저절로 조복을 받게 되고
무생곡[1] 연주하니 전혀 다툼이 없도다.
이와 같이 마군중을 항복 받고 세월을 보내니
태평성세가 따로 없음이로다.


마음먹은 대로 이루어지나니
자칫 이것이 상(相)을 불러
화근을 만들게 될까 걱정이로다.
그렇지만 놓고 놓아서 할 일이 없게 되면
저절로 알아서 할 터인데
무슨 근심 걱정을 하겠는가.


오호라, 벗님네여! 이 무슨 도리인고.
다 함께 동참하여 거문고 줄 고르듯 하다보면
자기도 모르게 내면을 들여다보게 될 것이니
괜한 마음 걱정하지 말고 하던 일이나 계속하소.


이렇듯 꾸준하게 인연을 맺다 보면
어찌 마음먹은 대로 이루어지지 않으리오.
순간에 이루어지는 것도 죽 해왔기 때문에 결정된 것이니 괜한 욕심 부려 일을 그르치지 말고 마음 비워 실천하소서.


나무 마하반야바라밀


1) 무생곡(無生曲) : 무생의 노래. '무생'이란 본래 생성과 소멸이 없는 것이고, '곡'이 란 곡조로 종지(宗旨)를 가리킨다.

# 무심을 알고 쓰면

펼쳐진 눈앞의 시원한 들판을 바라보며
'한 떼기 땅만 있어도 여럿이 앉을 수 있을 텐데…….' 하고
망상을 피워보지만 부질없는 생각일 뿐
지혜를 밝히는 데 무슨 도움이 되겠는가.


늘 앉아있는 자리를 떠나
앉을 수 있는 자리는 없다.


적멸보궁에 앉아 있으면서도
허망한 그림자에 속아
밖으로만 구하고 있으니
언제 본바탕 그림을 그릴 수 있겠는가.


그림자없는 모습의 실체란 과연 무엇일까?
물 속에 불이 있고 불 속에 물이 있다고 하였는데
이 도리를 제대로 밝히지 못하고 있으니

어찌 답답하지 않으랴.

어떤 모습으로도 변할 수 있겠지만
변하는 모습 속에서
변하지 않는 모습을 발견하여
다시는 속지 말아야 되겠다.

깊은 물 속에서 불을 지펴
차를 달여 먹을 수 있음이여!
산길을 홀로 가다
산삼을 만난 격이로다.

무심을 알고 쓰면 별 어려움이 없겠으나
모른다면 옆에 두고서도 끝내 보지 못하나니
달리 무슨 도리가 있겠는가.

　너른 들판의 한 떼기 밭
　주인이 누구인지 알고 싶지만
　스스로를 보지 못하니 어쩔 수 없네.
　높은 산과 넓은 들판을 보려고 하면

눈을 감아야 볼 수가 있고
도리어 눈을 뜨고 볼 것 같으면
산도 들판도 볼 수 없음이로다. **"역(噫)"**

# 담담하게 마음 쓰면

마른 하늘에 벼락치듯 갑자기 허물을 벗어 버리고
무겁던 짐을 한꺼번에 내려놓으니
그 홀가분한 것은
한 번 느껴보지 않고서 어찌 알 수 있으리오.
'이 맛을 보기 위해 이렇듯 공을 들였구나.'
하는 생각이 스쳐갈 때
온 몸으로 느끼는 희열을 무엇으로 표현할 수 있겠는가.

말로 하자면 그저 부처님 전에 감사하고
스승님께 감사한 마음 뿐
다른 생각인들 일어나겠는가.

가지고 있던 수없는 생각들이 일어나면
남의 일처럼 지켜볼 수 있어야만 한다.
너무 환희심에 빠져 지내도 안 되고
일어나는 생각에 끄달려서도 안 된다.

담담하게 마음 쓰고 놓아 지낼 수 있어야 한다.
이렇듯 오랜 세월 지내다 보면
저절로 꼭지가 떨어져 제 맛을 내게 될 것이니
무슨 어려움이 있겠는가.

혹 떼려다 도리어 혹 붙이는 어리석음이여.
무엇을 구하려고 쓸데없이 헤매지 말지어다.
홀연히 한 생각 돌이키면 바로 볼 것인데
어찌 시절인연따라 소식이 오지 않을 것인가.

  알고 보면 본래 무심이거늘
  달리 무심을 구하지 말아야 될 것이로다.

# 일 없는 일을 즐겨라

가뭄이 계속될 때는
대지를 적시는 일이 큰 일 중 큰 일이라.
이렇듯 세상 일에는 경중이 있고 선후가 있음이나
이 일단의 일은 경중도 없고 선후도 없음이라.

늘 그 속의 일들이니
다시 무슨 일이 있으랴.
이 일없는 일을 거울삼아
마음 쓰지 않으면 안 된다.

늘 무심 삼매의 한가로움을 즐기며
일 없이 시간을 보내니 쾌활함이로다.
이 도리는 직접 밝혀야만 되는 것이니
알면 쉽지만
모르면 엉뚱한 곳을 더듬게 될 뿐이로다. **"돌(咄)"**

비는 내려 대지를 촉촉이 적신다 하지만
마음은 머금기만 할 뿐이라네.
그렇지만 비는 마음을 벗어날 수 없고
마음 또한 비를 떠날 수 없음이니
이 무슨 도리인고.

- 잠시 침묵한 후 -

때가 되니 저절로 푸르고
때가 되니 스스로 붉어질 뿐이로다. "악(噁)"

# 한 줄기 바람과 같나니

어느 순간 밝은 빛이
섬광처럼 번쩍하고 빛나니 시원하여라.
온 몸이 날 듯하고 가볍기가
새의 깃털 같나니
누가 있어 이 일을 증명할 수 있겠는가?
삼세 제불과 역대 조사들께서 증명한 바가 있다고는 하나
내려 놓을지니라.

천만 번의 변화 속에 변하지 않는 물건이 있어
온갖 조화를 모두 수용하고도 남음이 있으니
어찌 큰 일이 아니라고 할 수 있으랴?
그렇다고 해도
매일매일의 일상 중에
옷 입고 밥 먹는 일에 견줄 수 있겠는가?
배 고프면 밥 먹고, 목 마르면 물 마시는 것이
큰 일 중의 큰 일이라.

변하지 않고 변하고에 관계없이
무심하게 시간을 보낼 것 같으면
무슨 어려움이 있겠는가.
설사 어려움이 있다고 해도 그저 그럴 뿐
스쳐 지나가는 한 줄기 바람과 같나니
집착하지 말지어다.

이렇듯 놓아 지내다 보면 어느덧 하루 해가 다 갈 것이니
한 바탕의 놀이를 끝낼 시간이 되었음이라.
일생을 이렇듯 통쾌하게 지낼 수 있었다면
무엇을 더 바랄 것이 있겠는가.
한바탕 인연 씀이 모두 이 속에 들었으니
어느 곳에서 무엇을 더 구하리오.


 새 봄이 오면 온갖 꽃들이 피어나
 서로의 모습들을 자랑스레 뽐내겠지.


나무 마하반야바라밀

# 방망이 맞을까 근심하지 말라

날이 새파랗게 선 칼날로 한순간에 내려치매
문득 무명이 타파되고 업장이 무너지니
좋은 시절인연이로다.

알 수 없는 오랜 시간을 헤어졌다 만났으니
어찌 반갑지 않으랴?

이 일단의 일을 온 몸으로 체험하니
마치
죽은 사람이 살아오듯
목마른 자가 물을 마시듯
통쾌하고 시원한 것이
겪어보지 않고서 어찌 알 수 있으리오.

이렇듯 해제를 맞아
평생을 짊어지고 다닌 걸망은 내려놓았는가?

여기에 이르러선
짊어졌다 해도 삼십 방
내려놓았다 해도 삼십 방을
면치 못할 것이니
어떻게 해야 이를 벗어날 수 있을 것인가?


- 잠시 침묵 후 -


당하는 대로 살면 될 뿐
방망이 맞을까 근심하지 말라.


그래도 못 믿겠다면
동해 바다가 마르면 그 때 가서 일러주겠다고 한 말은
믿을 수 있겠는가. "음(吟)"

# 봄을 기다리는 마음

추운 겨울은 이미 봄을 잉태하였고
봄이 오니 저절로 새싹이 움튼다네.
이는 동군이 천기를 누설한 것도 아니요,
때가 되니 풍요로운 햇살이 쏟아질 뿐입니다.

지금부터 저는
설레는 마음으로 봄을 잉태하고
아직 오지 않은 봄을 기다립니다.

왜냐구요
많은 분들을 맞이해야 하기 때문입니다.
생각만 해도
가슴이 설레고 봄이 그리워지는군요.

지금 저는 봄을 기다리는 마음으로
하루하루를 살아가고 있습니다.

이런 저의 마음을 여러분들은 잘 알고 계시겠지요.

아무리 추운 겨울의
삭풍이 몰아치는 날이라 할지라도
나의 마음에는 이미 봄이 왔습니다.

참선하는 이여!
너무 많은 걱정들은 하지 마시고
저와 함께 봄을 맞이했으면 합니다.

# 원숭이처럼 날뛰는

원숭이처럼 날뛰는 어리석음을
잡아 가두어 길들일 것 같으면
어찌 허망한 그림자가 날뛸 수 있으리오.
눈앞의 밝음 때문에
얼마나 오랫동안 속아왔던가?
겉은 멀쩡해 보여도
속이 자기도 모르게 타들어가고 있다면
위선으로 가득 찬 모습일 뿐
스스로를 속일 뿐이로다.
눈앞의 일들은 바로 보지 못하고
잠시의 여유가 주는 즐거움에 빠져
스스로를 보지 못한다면
조만간 허망한 꼴을 면치 못하게 될 것이니
살피고 살필지어다.


몸통 하나에 머리가 셋 달리고

팔을 여섯 개나 가진 신장을 피하려면
그만한 위신력[1]을 지녀야 될 것이다.
부디 스스로의 바른 모습을 볼지언정
허망한 그림자에 속아
시간을 헛되이 보내지 말지어다.


　천마의 허망한 모습에 속아도 속는 줄 모르고
얼마나 오랫동안 쫓달려 왔던가.
목마가 불 속에서 걸어 나오는 것을 보고 나서야
비로소 목에 걸린 가시를 뽑았도다.
천지가 본래부터 자리하지 않았거늘
그림자가 어느 결에 생겨나리오.
어느 날 갑자기
머리 셋 달린 신장을 밀쳐버리니
황금빛 봉황이 날개를 활짝 펼치는구나. "억(噫)"


1) 위신력(威神力) : 불가사의한 위력. 초인적인 능력.

# 9. 영겁의 숙제

# 영겁의 숙제

출렁이는 물결 따라 한없이 흘러가듯
나 또한 나그네 되어 이곳까지 왔음이로다.
수많은 사건을 겪었어도 언제나 눈앞의 일만 급하였기에
아직도 풀지 못한 숙제가
처음부터 지금까지 있었노라.
나의 영혼을 구제하지 못하였으니 천도하지 않으면 안 된다.
어떻게 해야 영가를 천도할 수 있겠는가.

수없이 많은 방법 중에
조사선[1]이 가장 바르고 빠르게
천도할 수 있다 하였으니 알지 않으면 안 된다.
육조스님께서도
성품을 보지 않으면 안 된다 하였으니
스스로의 마음을 밝혀야만 영겁의 숙제가 풀릴 것이다.

무엇이 마음인가?

본래 마음이라고 할 마음이 없음이니

착각하지 말라.

다만 산은 높고 물은 낮은 데로 흐름이로다.


영가여! 분별하지 말라.

분별하는 생각이 일어난다면

그 분별이 성품으로 인하여 일어나는 것이니

한 생각 돌이켜

스스로의 성품을 깨달을지어다.


영가여! 놓아 버릴지니라.

정녕 놓아지지 않는다면 짊어지고 가거라.


이와 같은 도리를 알겠는가?

한바탕의 꿈과 같은 일이니 머물거나 집착하지 말라.


– 잠시 침묵한 후 –


　문득 나무로 만든 놈이 불 속에서 걸어 나오니

　깊은 물 속에서도 쇠로 된 놈이 튀어나오는구나. "악(噁)"

1) 조사선(祖師禪) : 보리달마(菩提達磨) 이래 전해져 내려온 선. 특히, 교외별전(敎外別傳) 불립문자(不立文字)를 주장하는 육조혜능(慧能) 문하의 남종선을 말함.

# 우란분재

휘몰아치는 비바람 속에서
한 줄기 빛을 보았으니
어찌 기쁘지 아니하겠는가?
꺼질듯 이어 온 조사의 심인[1]인
법의 등불을 볼 수 있게 되었으니
숙세의 영골이 아니고서야 가능한 일이겠는가?
석가모니 부처님께서 일으켜 세운 마음의 등불을
달마조사 이후 육조스님에 이르기까지 이어오는 동안
얼마나 험난한 일들이 많았겠는가?
다행히 육신보살이신 육조스님께서 현신하시어
인연 있는 중생들의 마음을 열 수 있도록 거듭 장치하여
수없는 등불이 퍼져 나갈 수 있는 기틀을 마련하고 베푸셨으니
천고만고의 광영이 아니겠는가?


오늘도 옛 인연 따라 영가를 천도하고자 법회를 열어
육조스님의 말씀을 잠시 듣도록 하였으니

꿈 속에서라도 잊지 말고 조사의 심인을 밝혀
그 뜻을 어기지 말아야 할 것이다.
이에 한 생각 돌이켜 마음을 밝히면
영가 또한 허망한 곳에 머물지 않을 것이니
부처님 당시의 목련구모<sup>2)</sup>의 인연을 살펴
우란분재<sup>3)</sup>를 마련한 참뜻을 알게 된다면
그 뜻이 더욱 분명하다 할 것이로다.


　평지에 풍파를 일으키듯 시비를 일으킴이여
훌륭한 솜씨를 지닌 낚시꾼의 미끼로다.
한 생각 돌이켜 본연의 모습을 보게 하니
알지 못커라, 이 또한 귀신 잡는 솜씨로구나.
누가 있어 이 일단의 일을 장치하겠는가.
보고 듣는 사이에 일을 해 마쳤다고는 하나
실로 허망하도다.
소리나 모양에 끄달림이여.
하늘의 북소리 울려 귀신을 놀래키니
또 무슨 제도할 일이 있는 양 허둥대는구나.
아서라! 무엇이 있다고 찾아 헤매는고
육육은 삼십육이요, 구구는 팔십일이로다.

맑은 바람이 불어와 온 몸과 마음을 씻어낸 것처럼
하나의 큰 강을 건넜으니 다겁생의 인연이 아니겠습니까?
우리 조사 육조스님께서 세상에 펼쳐 보이신
위신력을 가까이 할 수 있었으니
이보다 더한 다행이 어디에 있겠습니까?
함께 인연을 맺은 도반들이시여!
오늘의 인연이 어찌 이것으로만 그치겠습니까?
세세생생 불법을 가까이 했고 지금도 함께 하고 있으니
크나큰 인연이 아니겠습니까?
영가 또한 이와 같은 인연을 맺게 되었으니
선지식의 가르침을 통해 허물을 벗고
시원한 모습으로 거듭날 수 있을 것입니다.
영가시여! 스스로의 허물이 어디에 있습니까?


 오고 또 왔다지만 온 바가 없고
 가고 또 갔다지만 간 바가 없도다.


 스스로 몰람결에 허물 아닌 허물을 지었으니
 어찌 해야 본래의 모습으로 돌아갈 수 있을꼬?

불 속에서 고기가 뛰놀고
물 속에서 새가 날도다.
다시 한 생각 돌이켜 보니
불 속에선 새가 날고
물 속에선 고기가 뛰어 놀도다.
이 무슨 도리인고.


- 한참을 침묵한 후 -


손오공이 제 아무리 있는 재주를 다 부렸지만
역시 부처님 손바닥 안의 일이로다. "악(噁)"


1) 심인(心印) : 글이나 말로 나타낼 수 없는 내심(內心)의 깨달음을 이르는 말.
2) 목련구모(木連求母) : 부처님의 십대 제자 가운데 신통 제일인 목건련(木犍連)이 지옥에 빠진 어머니를 구함.
3) 우란분재(盂蘭盆齋) : 목련존자가 그 어머니를 아귀도에서 구제하기 위해 부처님의 가르침을 받아 7월 15일 안거자자일(安居自恣日)에 재를 올리는 데에서 유래함.

# 허물고 싶은 내면의 벽

활화산처럼 폭발하면서 터져나오는 오늘
이 희열이 무엇인지를 아는가?
지옥의 문을 열어젖히고 찬란한 빛의 향연을 맛보면
누구나 알 수 있는 것을…….

영가여, 왜 알려고 하지 않는가?
두려워하지도 머뭇거리지도 말라.
마음이 듣는 것도
내가 듣는 것도 귀가 듣는 것도
또 다른 무엇이 듣는 것도 아니다.

그렇다고 듣지 않는 것도 또한 아님이니
과연 무엇이 듣는 것일까?

인연 있는 이여!
이 도리를 밝히지 않으면 벽을 허물 수 없을 것이니

내면의 벽을 허물고 싶다면 이 도리를 밝혀라.


도저히 이래도 안되고 저래도 안 될 즈음에 이르러야만
조금은 가까이 다가갔다 할 수 있을 것이니
의심해야 할 것은 의심하되 선지식의 말은 의심하지 말라.


이렇듯 의심하다 보면 어느 순간
몰록 꿈을 깰 시절인연을 만나게 될 것이니
끓는 용광로 속에서 연꽃이 피어남을 보게 될 것이다.


더욱더 이 일에 힘써
억겁의 꿈을 깨고 나와
온 천지가 광명으로 가득찬 것을
스스로 볼지어다.


나무 마하반야바라밀

# 고통을 없앨 수 있는 길

부귀공명을 좋아해도 떠나야 되고
좋아하지 않는다 해도 떠나야 한다.
언젠가 한 번은 이별해야 하는 법이니
그 이별을 위해 준비하지 않으면 안 된다.
나 스스로도 마음의 준비를 해야 하고
가족, 친지, 이웃하고도 떠날 준비를 해야 된다.
언제 떠나도 아쉬움을 남기지 않고 떠날 수 있어야 하겠지만
과연 그럴 수 있을까?

특히 내가 나를 떠날 때의 고통은
참을 수 없을 정도이겠지만
그 고통 속에서도 역시 떠나게 될 것이다.

사랑하는 사람과의 이별 또한 그 고통이 남다른 것이다.
평소에 무상을 조금이라도 알았다면 모르겠거니와
특별한 준비 없이 떠나야 하는 것이기에

한꺼번에 찾아오는 고통으로부터 벗어날 수 없을 것이다.
그렇다면 떠날 때 고통 없이 가기 위해서는
어떤 준비가 필요한 것일까.

평소에 미리 준비하였다면 모르겠거니와
그 때를 당해 준비하려 한다고 되겠는가?
종교를 믿거나, 철학적 사유를 통해
내면을 살찌운다고들 하지만
고통을 벗어날 수가 있겠는가?

종교적 삶이 고통을 덜어준다고 해도
떠날 때 고통스럽기는 마찬가지일 것이다.

석가모니 부처님께서는 고통을 벗어날 수 있는
많은 수행법을 마련하였고
뒷날 조사들 또한 독특한 수행법을 통해
고통 없이 갈 수 있도록 장치하였으니
그것이 바로 참선 수행법인 것이다.

오늘의 천도 또한

고통을 없앨 수 있는 길을 열고 영가를 인도해
생사윤회의 원인을 바로 알게 하기 위함이니
법문 중에 살피고 살필지니라.

# 위산스님의 수고우

위산스님[1]이 하루는, 앙산스님[2]과 향엄스님[3]이 함께 떡을 만들고 있는 것을 보시더니, "그 때도 백장스님[4]께서 이 도리를 직접 체득하셨다네." 라고 했습니다. 앙산스님과 향엄스님은 서로 돌아보며 "어떤 사람이 이 말씀에 대답할 수 있을까요?" 하니, 위산스님은 "한 사람이 대답할 수 있지." 라고 했습니다.

앙산스님이 "누구입니까?" 하고 물으니, 위산스님이 수고우[5]를 가리키면서, "말하라, 말해 보아라." 했습니다. 앙산스님이 풀 한 묶음을 가져오고 향엄스님은 물 한 통을 가져와 물소 앞에 놓으니 물소가 이를 먹으려고 하자 위산스님은, "그렇다면 그렇고, 그렇지 않다면 그렇지 않다." 했습니다.

두 스님이 위산스님께 절을 올리니 위산스님이, "어떤 때는 밝기도 하고, 어떤 때는 어둡기도 하다." 라고 하였습니다.

이 무슨 도리를 말씀하신 것입니까?

참으로 나가고 들어감이

이 자리를 여의지 않았으니

영가여!

앞에 놓인 음식을 사양치 말고 마음껏 드십시오.

위산스님이 말씀하신 그 한 사람은

도대체 누구를 가리키는 말인가요?


– 잠시 침묵 후 –


조금 전에도 물 마셨고 지금도 물 마실 뿐

누구에게도 의지하지 않았으니 스스로 살펴보십시오.

둘러보나 보이는 사람 없고, 일 없이 서 있는 모습을 볼 뿐이니

다시 누구를 기다려 이 일을 대신하라고 할 수 있을꼬?


1) 위산(潙山) : 당나라 담주의 위산선사. 이름은 영우(靈祐). 15세에 출가한 후 항주 용흠사
에 거주하며 대ㆍ소승교를 연구하고, 백장회해(百丈懷海)선사를 찾아가 심법을 배웠다.
2) 앙산(仰山) : 혜적(慧寂)선사. 간서 지방 대앙산(大仰山)에 있었으므로 앙산(仰山)이라고
하였다. 14세에 출가하여 처음 충국사(忠國師)의 시자 탐원(眈源)을 배알하고 국사
 의 원상(圓相)을 전해 받았으며 위산(潙山)스님을 뵙고 깨쳤다고 함.
3) 향엄(香嚴) : 당나라의 등주 향엄산의 지한(智閑)선사로, 위산영우(潙山靈祐)선사에게 가
서 깨달음을 얻음.
4) 백장(百丈) : 중국 당나라의스님으로서 강남성 남장부의 백장산에서 살았던 회해(懷海)선
사를 말함. 백장청규(百丈淸規)를 제정한 것으로 유명함.
5) 수고우(水牯牛) : 수(水)는 흑색, 고우(牯牛)는 암소로 선종의 화두를 의미함. 조주(趙州)
와 남전(南泉)의 선문답에서 유래했음.

# 나아갈 수도 없고 물러설 수도 없을 때

어느 날 위산스님께서 약산의 법을 이은 운암 담성[1]스님에게 물었다.

"그대는 약산에 오랫동안 있었다고 들었는데 그런가?"

"그렇습니다."

"어떤 것이 약산스님[2]의 거룩한 모습이던가?"

"열반 뒷몸(涅槃後身)입니다."

"무엇이 열반 뒤의 몸인가?"

"물에도 젖지 않습니다."

그런 후 담성스님은 위산스님에게 물었다.

"백장스님의 거룩한 모습은 어떻습니까?"

"우뚝하고 당당하며 환하게 빛나서

소리 전에 있되 소리가 아니고

빛 뒤에 있되 빛이 아니다.

마치 무쇠로 된 소의 등에 붙은 모기가

침을 꽂을 곳이 없는 것과도 같다."

만약 침을 꽂을 수 있다면 어느 곳에 꽂아야 되겠습니까?

영가여!
잠시 눈을 감았다 떠보시겠습니까?
감고 뜨는 것은 그렇다 하고
눈 감을 수도 없고 눈 뜰 수도 없을 때
어느 곳을 향해 나아가겠습니까?

　나아갈 수도 없고 물러설 수도 없을 때
　문득 한 줄기 침을 눈 속에 꽂으니
　물에 젖지 않는 몸이 드러났구나.

금일 영가여.
모습없는 모습 속에
흔적 없이 그 모습을 드러냈으니
마음껏 흠향[3]하시고
본래 면목을 밝게 드러내어
발 밑을 살펴가소서.

　황금 쟁반 위에 옥구슬을 바치니

낱낱이 빛나도다. 오늘의 이 일이여.

온 천하를 그렇게 누비고 다녔건만

일찍이 한 번도 집 나간 적이 없다 한다네.


1) 운암(雲巖) : 담주 운암사 담성(曇晟)의 이름. 속성은 왕(王)씨. 어려서 출가하여 백장(百丈)선사 밑에서 수학하고, 약산(藥山)스님을 찾아뵙고 깨달았다.
2) 약산(藥山) : 당나라 유엄(惟儼)선사의 이름. 석두희천(石頭希遷)선사의 법을 잇고, 풍주(灃州)의 약산(藥山)에서 주석하였다.
3) 흠향(歆饗) : 신명(神明)이 제물을 받음.

# 방황 끝의 귀향

출렁이는 물결 위에 배를 띄우고
알 수 없는 어두운 곳을 향해 노를 젓는다.
어느 곳까지 나아가니
더 이상 앞으로 나아가질 않고
자꾸 뒤로 밀려나기만 하니 안타까운 일이로다.

계속해서 앞으로 나아가려고 몸부림쳐 보지만
그 곳에만 가면 뒤로 밀려나니
갑갑하고 짜증스러워 그만두고 싶어도
일을 목전에 두고 물러선다는 것이
도저히 용납되지 않는구나.

거듭거듭 최선을 다해 힘을 써 보지만 힘은 점점 빠지고
그 결과를 예측할 수 없으니 진퇴양난이로다.
칠흑 같은 어둠 속, 눈이 있어도 앞을 볼 수 없으니
장차 이 일을 어찌할꼬.

어차피 어쩔 수 없구나 생각하고
정신없이 앞을 향해 나아가다 보니
어느 순간 눈앞이 문득 환해졌으니
참으로 희유한 일입니다.
지금껏 그 어려웠던 어둠 속의 일들이
힘들이지 않아도 저절로 이루어지니
도리어 꿈 속의 일처럼 느껴집니다.

아, 불보살님이시여!
어리석은 영가를 이렇게 제도하시었습니다.
알고 보면 제도할 것도
제도 당할 것도 없다 할 수 있겠지만
지금 이 순간을 잊어버리고 싶지 않습니다.
그렇지만 잊고 놓아 지내야 되겠지요.

한 순간에 모든 영가를 밝은 곳으로 인도하셨습니다.
영겁의 굴레 속에 묶여 있던 것이 오늘 비로소 풀려났습니다.
어느 곳에도 머물거나 집착하지 마십시오.
그렇지만 영가여,
어느 한 순간 자기도 모르게 어지러워졌을 때는

어떻게 하시겠습니까.

- 잠시 침묵한 후 -


 오히려 바보 멍청이가 이것을 잘 알 것입니다. "하하하"


 온갖 방황 끝에 고향에 왔건만
 반겨주는 이 하나도 없구나.
 스스로 흥에 겨워 춤을 추지만
 누구에게 보이려는 몸짓이겠는가. **"억(噫)"**

# 10. 꿈속의 꿈을 깨고 나온 이여

# 꿈속의 꿈을 깨고 나온 이여

문득 한 생각 돌이켜 보니 멀고 가까움이 아니구나.
이 자리를 떠나지 않고 서방정토를 구현하니
낱낱의 부처가
스스로의 모습을 드러내 온갖 공양을 받음이로다.

항시 꿈속의 꿈을 꾸는 이여!
한 생각 돌이켜 스스로를 볼지어다.

붉게 타는 불 속에서 목마가 걸어나오고
깊고 깊은 물 속에서 토우가 뛰쳐나오니
이 무슨 도리인고?

문득 꿈속의 꿈을 깨고 나온 이여!
온갖 소리와 모양이
도리어 부처를 이루었으니
이것이 과연

꿈을 꾸고 있는 것인가,

꿈을 깨고 나온 것인가.


원래부터 삼삼은 구였느니라. "할(喝)"

# 언제나 늘 함께 하셨는데

나와 더불어 살았지만
나를 잊고 살았다네.
문득 나를 다시 찾으니
온갖 것이 나 아님이 없구나.

아! 옛과 지금이라는 모양에 속아
나도 모르게 나를 등졌지만
모든 것 속에서 다시 나를 보았다네.

언제나 늘 함께 하였는데
무엇 때문에 그림자에 속았을까.

알면 분명하지만
모르면 모르는 것조차 모르는구나.
이 모른다는 허물을 어떻게 해야
벗겨 버릴 수 있을 것인가?

# 고독을 즐기는 자여!

생과 사의 갈림길에서
늘 외롭게 서 있음을 아는 자
그 몇이나 되겠는가?
고독을 즐기는 그대여!
인생을 황홀하게 수놓는 이 순간을 위하여
방황하기를 그 얼마 만이었던가.


셀 수 없이 날밤을 새우고
송곳을 곧추 세워 찌르기를 수없이 하고 난 뒤의
아픔을 누가 알 수 있겠는가.
한 고비 넘던 날의 아스라한 추억을 더듬으려 해도
지금 생각하면 너무 오래된 것 같아
격세지감을 느끼지 않을 수가 없구나.


꿈결 같은 시간들을 흘러 보내면서
늘 함께 했던 과거를 회상하면

지금의 이 자리가 부담스럽기조차 하구나.
툭 털어 버리고
훨훨 마음대로 날아가고픈 마음이야
더 말해 무엇하랴?

그렇지만 알 수 없는 것은
또 다른 혹을 짊어지고
전전긍긍하는 지금의 모습을
어느 순간부터인지는 모르겠지만
스스로 받아들이고 있는 것을 보면
참으로 인연법이란 묘하구나 하는
생각을 지울 수가 없구나.

고독을 즐기는 자여!
어리석고 부질없는 잔소리로 시간을 빼앗는 것 같겠지만
어느 곳에서나
좋은 시간이 다 지나갔다고 느끼는가.
아니면 영원히 좋은 시간이라고 생각하는가?
미묘한 흐름 속에 늘 함께 하면서도
각기 떠돌고 있으니

견우와 직녀가 무색하구나.

과연
고독 속에 또 다른 고독이 자리하고 있음을
아는 자 몇이나 될까?
그런데도 이것을 밝히려 하지도
밝히지도 못하는 까닭은 무엇일까?
모두와 함께 하면서도 드러내질 않고 있으니
어찌 알 수가 있으랴마는
그래도 고독을 즐기려 하는 자라면
고독의 참맛을 보아야 하지 않겠는가.

달콤한 추억을 혼자 간직하지 않고
툭 털어놓고 함께 한다고 해서
고독한 자가 이를 좋아할 수 있을까?
달 밝은 밤에 이별주를 나누고
아침 동트기 전에 헤어진다면
누가 있어 슬퍼하지 않겠는가.

세상의 일이 이처럼 빠르고 빠르니

어찌 눈감고 앉아 지낼 수 있겠는가.

아! 슬프고 슬프도다.

마치 아침 이슬과도 같구나.

# 매일매일이 이 일의 연속

아무리 거룩한 형상을 한 것일지라도
알고 보면 허망하기 짝이 없을 것이니
모름지기 모든 것을 내려놓을지어다.
본래부터 텅 비고 고요하여
한 티끌을 용납하지 않았음이로다.

이 일은 지금 이 순간도 마찬가지이니
무엇 때문에 밝게 알지 못하고 있는 것인가?
이 한 생각이 문제를 일으킴이로다.
생각생각에 어리석음을 짓는 줄도 모르고 범하고 있으니
어떻게 해야 이 생각들을 내려놓을 수 있을 것인가.

그렇지 않다면 짊어지고 갈 줄 알아야 되는데
스스로 짊어지고 있는 줄을 알기나 하는가.
또한 내려놓고 짊어지고에 관계없이
홀로 뚜렷한 모습없는 모습을 보았는가.

보았다면 실로

그 모습이 어느 곳에 자리하고 있겠는가.


돌미륵이나 나무장승 모두 허공의 꽃이어라.

생각이 돌고 도는 가운데 돌지 않는 놈이여!

무엇 때문에 이 많은 고통들을 감내하고 있는가?

지옥과 천당에 관계하지 않는다니 도리어 우습구나.


돌미륵에게 장승이 이 일을 묻는다면

매일매일이 이 일의 연속이며

숨고 나타남에 관계없이 또렷하지만

허물을 뒤집어 쓴 지 오래되었노라고…….


이 일단의 일을 밝게 알고 싶은가?


　천지가 밝아오고 눈앞이 분명분명 한 것이

　전삼삼 후삼삼이로다. **"하(喝)"**

# 고기 머리에 용의 몸통

고기 머리에 용의 몸통, 말의 꼬리를 달고
불 속에서 유유히 걸어 나오니
알 수 없어라, 이 일단의 일이여!
꿈 속에서는 나도 모르게 보았다 할 수 있겠지만
어찌 눈앞에서 일어나는 일을 믿지 않을 수 있으랴.

그렇긴 하나 꿈 속의 꿈도 꿈이며
눈앞의 일 또한 꿈이니
꿈 아닌 것이 없음이라.
꿈은 그렇다 하더라도 누가 이 일을 보았으며
또한 믿을 수 있겠는가.
진리 속에서는 이보다 더한 일도
비일비재하게 일어나건만
안목이 짧아 보지 못함을 어찌하랴.
오히려 진리는 밝힐 수가 있어도
이 일을 밝히기가 더 어렵다고 생각한다면

슬프고 슬픈 일이로다.
지금도 한 생각 일으키면 뚜렷하지만
스스로 만나기는 어려우리라.


돼지 머리에 여우 몸통, 사슴의 발을 가진 짐승이
물 속에서 솟구치니 누가 이 일을 알겠는가?
허망한 소리로 기만한다고 하지 않겠는가?
그렇지만 실제로 보여지는 일임을 왜 알지 못하는가?
생각을 가져 상상하지 말라.
있는 그대로를 볼 수 있는 눈을 가지고 본다면
이런 일쯤은 아무 것도 아닐 것이니
속인다고 생각하지 말지어다.


장승이 길게 울부짖으니
석녀가 문득 눈물을 흘리는구나.
이 무슨 도리인고
육육은 삼십육이니라 . **"억(噫)"**

# 불 속의 물, 물 속의 불

만년의 푸른 얼음 속에
초목을 태울 수 있는 불을 잉태하고 있음이니
어리석은 눈으로 어찌 이 도리를 알 수 있으랴?
또한 훨훨 타는 불 속에도
차가운 기운이 자리하고 있음이니
이 일을 묘하다고는 하나 알고 보면
본래 그러하거늘 별다른 뜻이야 있겠는가.


천둥이 울리고 번개가 치고 나면
지나간 일을 붙잡을 수 없듯이
몽환[1]과 다름이 없음이로다.
돌고 도는 가운데 스스로를 알지 못하고 있으니
누구를 탓하겠는가.


옛사람이 말하기를
"소를 타고 소를 찾고 있으니

이 허물이 어디에 있는고?" 하였으니
우습도다.


허망한 모습에 속아
스스로를 저버렸으니 이 일을 어이할꼬?
문득 불 속에서 물을 찾으니 천지에 가득하고
물 속에서 불을 찾으니 깊고도 깊도다.
자루없는 황금나팔을 불어 이 소식을 전하나
귀머거리 앵무새는 눈만 깜빡이는구나.
돌이켜 보면 누구도 허물할 수 없는
이 일을 시비하고 있으니
좀도둑이 대패하였도다.
비로소 천하는 태평하고 우순풍조²⁾하니
만세의 표본이로다.


- 잠시 침묵한 후 -


오색구름을 뚫고 한 줄기 빛이 둥근 환을 만드니
천하의 강물 위에 그 모습을 드러내는구나. "악(噁)"

1) 몽환(夢幻) : 꿈과 환상, 덧없음을 의미함.
2) 우순풍조(雨順風調) : 비와 바람이 순조롭게 내림.

# 일단의 희유한 일

어리석은 모습에 속아 집착하지 말라.
부처란, 이렇다면 이렇고 그렇다면 그러해서
또 다른 모습이 있는 것이 아니다.
개개의 눈앞에 드러난 만상 속에 분명하니
밖으로 찾지도 말고 안으로 구하지도 말라.
찾으면 찾을수록 멀어지고
구하면 구할수록 허망해지니
있는 그대로를 비춰 볼지언정
모양에 속아
이리저리 사량하거나
헤매지 말아야 한다.

무엇을 부처라 할 것인가?
나의 몸무게가 120근이니라.
예전의 알량한 조주 노인이여!
어디로 가셨는가?

어디에 있다거나 어디로 갔다고 하면
한 방망이를 먹일 것이니
이 무슨 도리인가.


꿈 속에 용을 타고 도솔천에 갔다가
문득 깨어나 보니
달리는 차 속을 벗어나지 못하였도다.


알고 보면 허망한 모습 속에
허망하지 않은
모습없는 모습이 자리하고 있음이라.
이 모습이야말로 참다운 모습이니
깨닫지 않으면 안 된다.


밝음 속에 어둠이 있고
어둠 속에 밝음이 있다고 하지만
칠흑 같은 어둠 속에서
밝음을 찾으려면 어찌해야 되겠는가?


문득 앞뒤가 끊어졌음이라.

산하대지가 방광(放光)하고
한결같이 설법하고 있음을 일찍이 몰랐거니
오늘에야 비로소 그 얼굴을 보니
과연 옛 모습을 바꾸지 않았음이라.


천 길의 낭떠러지에서 떨어졌으나
조금도 다치지 않고
깊은 물에 빠져 헤어나지 못하였으나
또한 죽지도 않는구나.


불 속에 들어가도 타지 않고
얼음 속에서도 얼지 않으니
희유한 일이로다.
이 일단의 일이여!


　봉새를 타고
　단숨에 구만리를 나는 것보다 더함이로다.
　온 몸이 쾌활하니 큰 걱정을 덜었고
　통쾌한 것이 구천의 혼을 꾸짖는구나. "억(噫)"

# 너무나도 신기한 일

영겁의 어두움을 타파하고
깊은 바다 속을 홀로 걸어간다네.
예전엔 볼 수도 없고
알 수도 없던 일들이 모두 드러나
길 가는데 막힘이 없나니
너무나도 신기한 일이로다.
크고 작고 길고 짧은 것들이
눈앞을 가로막고 또 다른 시비를 부르지만
결코 한눈 판 적이 없음이니
더 무슨 시비에 휘말리겠는가.

너무 한가롭다 보니
시비 또한 잠시의 벗이 되어 시간을 보냈지만
결코 오랫동안 함께 하지 않는다네.
순간순간 비춰지는 것에
머무르지 않고 비켜 가다 보니

거울엔 비춰지는 것이 보이지 않게 되었구나.


인연 따라 그럴 뿐
무슨 별다른 일이야 있겠는가.
오랫동안 바보 멍텅구리처럼 아무 일도 하지 않고 지내니
예전의 일과 지금의 일을 모두 놓아 버렸다네. **"흠(吘)"**


바로 이러할 때
바다 속을 진흙소가 들어가도 그 모양을 잃지 않고
용광로 속에서 목마가 걸어 나와도 그 모양을 잃지 않으니
이 무슨 도리인고?


눈을 가져 눈을 보는 것이 온통 부처를 볼 뿐이로다.
무엇이 부처인가?
법당에 당당히 앉아 계시는구나.
무엇이 법당인가.
"여보시오."
"예."
"좋은 법당이 스스로 무너지는구나."

천지를 휘감던 기운이 바다로 들어갈 때
깊은 바다 속에서 검붉은 빛을 토하는구나.
오늘의 이 상서(祥瑞)가 무엇을 인연한 것이겠는가.
진흙소와 목마가 각각 그 모양을 나툼이로다.

**"할(喝)"** 을 한 후, **"할(喝)"**

# 한 생각 돌이키면

거칠게 흐르는 물살 위로 오르려 하는 모습이여!
온 몸의 힘줄이 불거지고
악귀와 같은 모습으로 악전분투하는구나.
도도히 흐르다가도 어느 순간 좁아져서
물살이 더욱 빨라지니 오르기 어렵도다.
그렇다고 해도 어찌 오르지 못하겠는가.
오르고 오르다 보면 더 오를 곳이 없어질 것이니
이 때를 당해 문득 놓아 버릴지니라.

묘한 향기가 진동하고 경계색이 더욱 밝아지리니
이 상서로운 기운이 주변을 밝혀
일상을 상쾌하게 할 것이로다.
여울목에 다시 이를지라도 문제될 것이 없으니
겪어보지 않고서 어찌 알 수 있으리오.

거친 파도와 싸워 이기려고 하기보다는

물결치는 대로 내맡겨 오르내리면서
수많은 난관을 부수기도 하고 시설하기도 하니
이 일은 귀신들도 엿보기 어렵도다.


할 일없는 바보 멍청이처럼 하루하루를 보내니
내가 바보인지 바보가 나인지를 알 필요가 있겠는가.
만고의 광명 또한 이것에 비하면 반딧불과도 같거늘
생각을 가져 헤아리려고 하지 말지어다.


　한 생각 돌이키면 이렇듯 가까운 것을
　무엇 때문에 허공 꽃을 찾으려 하였을꼬?
　한바탕의 전쟁을 치르고 나서야
　봄을 찾을 필요가 없음을 알겠도다. "이(咦)"

# 그 속의 나를 알겠는가

도도히 흐르는 물길 따라
노란 유채꽃은 그 자태를 뽐내고
그 속의 나그네는
갈 길을 재촉하지 않는구나.
잠시 나를 잊고 한 잔의 차를 맞이하니
여기에 무슨 말이 필요하겠는가?
생각의 앞뒤가 끊어졌으니
나 또한 그 속에 갇혀 버렸도다.

한 평생의 일이야
어찌 다 알 수 있겠는가.

그냥 그저 지금의 이 행복한 마음을
빼앗기지나 말았으면 하는 순간
현실로 돌아오니
허망하고 무상하구나.

이 일단의 일이여!

도 닦는 이들이여!
그 속의 나를 알겠는가?
물은 흐르지 않고
다리만 흘러가는구나.

아이고, 이 무슨 도리인고?

　깊은 물 속에서 불꽃이 이는구나.

# 황금빛 사자가 큰 빛을

사방천지 어느 곳인들 걸림이 있으랴.
우뚝 솟아 분명하니 더욱 그러하구나.
그렇다고는 하나 길 가는 나그네여!
어느 곳을 향해 가고 있는고?
오되 온 곳을 모르고 가되 가는 곳을 모르니
우뚝 솟아 분명하다고는 하나 보긴 보았는가?

차라리 아무 것도 모르는 바보 멍청이처럼
세월을 보냈더라면
이렇게 분주하지는 않았을 터인데
헛것을 보고 보았다는 착각 때문에
온갖 골병이 다 들었구나.
무지해도 무지한 줄 알지 못하니
입만 벙긋대는 금붕어 같고
홀연히 저 언덕을 넘어가니
황금빛 사자가 큰 빛을 토해 내는구나.

양쪽의 일을 벗어난 도류들이여!

꿈 속의 꿈은 또 다른 꿈이며

꿈을 깨고 나왔다 해도 역시 꿈꾸고 있음이라.

그렇다면 어떻게 해야 이 꿈 속을 벗어날 수 있겠는가?


큰 꿈을 꾸는 자는 스스로의 꿈은 말하지 않고

꿈 속으로 더욱 깊이 들어간다네.

도류들이시여.

꿈 속의 꿈은 그렇다 해도

꿈꾸기 전의 모습은 어떠하였는고?


- 한참을 침묵한 후 -


허공에 한 획을 그으며 **"악(噁)"** 하고 소리치다.

수불스님 禪 법어집

# 황금빛 봉황이

**1판 1쇄 인쇄** 2005년 3월 28일
**1판 4쇄 발행** 2005년 7월 18일
**개정판 1쇄 발행** 2014년 11월 5일

**저자** 수불스님

**펴낸곳** 도서출판 여시아문 서울 종로구 우정국로 45-13 수송빌딩 2층
**전화** 02-2632-8739
**팩스** 0505-115-2068
**이메일** buddhapia5@hanmail.net
**홈페이지** http://www.bns-mall.co.kr
**등록** 제1-1852호 1995.3.2

ⓒ **수불스님, 2014**
ISBN 978-89-87067-82-7 03220

**안국선원** http://www.ahnkookzen.org
　　　　　부산시 금정구 남산동 35-14 **전화** 051-583-0993
　　　　　서울 종로구 가회동 10-3 **전화** 02-732-0772